EDITORA DO CONHECIMENTO

Auxiliando a humanidade a encontrar a Verdade

O Evangelho de João
Uma visão espiritualista

O Evangelho de João

Uma visão espiritualista

Agenor Martinho Correa

CONHECIMENTO EDITORIAL LTDA.
Fone/Fax: 19 3451-5440
www.edconhecimento.com.br
vendas@edconhecimento.com.br

Revisão: Mariléa de Castro
Projeto gráfico: Sérgio Carvalho
Ilustração da capa: Shutterstock

ISBN 978-65-5727-126-1
1ª edição – 2022

• Impresso no Brasil • *Presita en Brazilo*

Produzido no departamento editorial da
CONHECIMENTO EDITORIAL LTDA
Rua Prof. Paulo Chaves, 276 – 13485-150
Fone: 19 3451-5440 — Limeira – SP

Impresso na
Primeira Leitura
a gráfica digital da **EDITORA DO CONHECIMENTO**

Dados Internacionais de Catalogação na Publicação (CIP)
(Angélica Ilacqua CRB-8 / 7057)

Correa, Agenor Martinho
O Evangelho de João: uma visão espiritualista / Agenor Martinho Correa – 1ª ed. – Limeira, SP: Editora do Conhecimento, 2022.
188 p. : il
ISBN: 987-65-5727-126-1
1. Bíblia. N.T. João – Aspectos espiritualistas 2. Espiritismo I. Título

22-1180 CDD – .133.93

Índice para catálogo sistemático:
1. Espiritismo – João – Bíblia N.T.

Agenor Martinho Correa

O Evangelho de João

Uma visão espiritualista

1ª edição
2022

EDITORA DO
CONHECIMENTO

"Evangelho não é um tratado rígido de virtudes salvacionistas, nem apenas manual cívico de conduta espiritual; antes de tudo, é o compêndio das leis do aperfeiçoamento para a vida imortal e a metamorfose do homem ao anjo..."

Navarana – Mestre da Fraternidade da Cruz e do Triângulo

Nossa eterna gratidão

aos espíritos amigos que do Plano Espiritual nos auxiliam, com extremado carinho e dedicação, a percorrer a nossa redentora estrada terrena...

A todos

que têm se empenhado no esforço árduo da autotransformação pela vivência dos sublimes ensinamentos de Jesus e de outros avatares, e que no dizer de Jesus "*herdarão a Terra*",

dedico este livro...

Sumário

Introdução

João, o discípulo amado do Mestre, filho de Zebedeu e Salomé, irmão de Tiago (Maior) também apóstolo, embora fosse o mais novo do colégio apostólico era o mais místico, o de maior envergadura espiritual e o de maior dedicação à causa cristã. Espírito antiquíssimo, no que se refere à idade sideral, teve várias encarnações na Terra, das quais se destacam a do profeta Samuel que organizou, no passado, a Fraternidade dos Profetas [1], e a de Francisco de Assis, no século XII, em plena Idade Média. Espírito que sempre esteve junto a Jesus acompanhando a jornada evolutiva da Terra, ambos pertencentes à mesma família espiritual, proveniente de *Sírius* [2]. Foi o único dos apóstolos que morreu em avançada idade de causas naturais, porque a ele o Cristo reservara a missão de escrever o livro do *Apocalipse* (palavra que significa *revelação*) que constitui-se no relato profético dos acontecimentos que deverão concretizar-se (e já estão se concretizando) fielmente nos dias que estamos vivendo, caracterizados como o *final dos tempos*.

Existe por parte de alguns teólogos e estudiosos da Bíblia certa dúvida sobre a autoria do Evangelho de João, já que seu autor se mantém no anonimato. Todavia, a evidência interna de que o apóstolo João foi de fato o escritor consiste em tal abundância de provas, de diversos ângulos, que sobrepuja qualquer argumento em contrário. A convicção de que o es-

1 MAES, Hercílio/Ramatís (espírito). *O Sublime Peregrino*. 18. ed. Limeira: **EDITORA DO CONHECIMENTO**, 2016, p. 292.

2 RAMATÍS. A missão da Terra e o papel dos avatares. In: MENDONÇA, Sávio/ Ramatís (Coord.). *Missão Planetária* – O princípio, a evolução e o futuro da humanidade. 1. ed.- Limeira: **EDITORA DO CONHECIMENTO**, 2016, p. 177.

critor era apóstolo, vem do fato de que ninguém, a não ser um apóstolo, podia ter sido testemunha ocular de tantos eventos ligados ao ministério de Jesus; também, seu conhecimento íntimo da mentalidade, dos sentimentos e das motivações pelos quais Jesus disse ou fez certas coisas, revela que ele era um do grupo dos doze que acompanhou Jesus em todo o seu ministério. Além disso, o escritor é mencionado como "o discípulo a quem Jesus havia amado" (João, 21: 20-24), e ele era, evidentemente, um dos três apóstolos mais íntimos que Jesus mantinha perto de si. Destes três apóstolos, elimina-se Tiago por ter sido morto por volta de 44 d. C., por Herodes Agripa I, e Pedro é excluído por ter o seu nome mencionado junto com "o discípulo a quem Jesus havia amado". (João 21: 20, 21)[3]

O seu Evangelho, o último dos canônicos a ser escrito, é considerado o mais místico e o mais erudito de todos. Evidências variadas permitem considerar que ele o escreveu por volta do ano 98 d. C. na cidade de Éfeso, importante centro cultural da época, na Grécia Antiga, já em idade avançada tendo, provavelmente, entre 90 e 100 anos. Quanto àqueles que discordam ter sido João o autor do Quarto Evangelho pela sua idade avançada quando este foi escrito, são oportunas e interessantes as colocações do espírito Miramez, no livro *Francisco de Assis*, psicografado pelo médium João Nunes Maia.

Relata Miramez que após terem chegado ordens expressas de Roma para que o velho cristão fosse morto, devendo sucumbir no azeite em ebulição, na Ilha de Patmos em que se encontrava confinado, e o mesmo ter sobrevivido ileso após uma semana de fervura infernal, o imperador Nerva, após ter tido conhecimento do fato, liberou imediatamente o apóstolo para que ele tivesse acesso a todo o território romano, mas que os soldados, imensamente impressionados com o fenômeno assistido, e temendo pela vida de "Pai João", como o chamavam carinhosamente no exílio em Patmos, conhecendo bastante a política manhosa de Roma, perceberam que isso poderia ser outro tipo nefasto de cilada contra aquele que era todo amor e paz para as criaturas. Propuseram, então, ao ho-

3 Fonte: CENTRO APOLOGÉTICO CRISTÃO DE PESQUISAS. Quem foi o autor do Evangelho de João? Disponível em: *http://www.cacp.org.br/quem-foi-o-autor-do-evangelho-de-joao/* >Acesso em 26 de nov. 2021.

mem santo, que vestisse uma farda velha de um dos soldados, raspasse o cabelo e trocasse o seu nome, transferindo-se para Éfeso, onde poderia permanecer como um desconhecido, sugerindo-lhe o nome de Francisco, que o evangelista, sorrindo, aceitou, tornando-se conhecido em Éfeso como "Pai Francisco", sendo muito amado por todos. Assim Miramez descreve a sua figura:

> [...] Já bastante velho, mas com lucidez impressionante, sua mente parecia um sol, o seu raciocínio era de uma agilidade incomparável e o seu coração uma chama de amor [...]. Pai Francisco dormia pouco [...]. Conhecia completamente a história do Velho Continente. Tinha dados concretos da geografia do mundo. A astronomia o fascinava e descrevia com encanto as belezas do céu. Falava corretamente quatro línguas e vários dialetos [...]. [4]

Comprova-se pelas palavras de Miramez que apesar da idade avançada, contando quase um século, João apresentava lucidez suficiente para ter escrito o seu Evangelho, que foi aceito como canônico pela primitiva congregação cristã. O seu Evangelho apresenta peculiaridades em relação aos outros três considerados sinóticos (narram a vida e o ministério de Jesus sob o mesmo ponto de vista), o que pode ser justificado pelo fato de tê-lo escrito quando o livro dos outros autores (Mateus, Marcos e Lucas) já circulava entre os primeiros cristãos, assumindo, desta forma, caráter suplementar.

É o mais polêmico dos Evangelhos, não só por afirmar, na interpretação de teólogos e de muitos cristãos católicos e protestantes, a "Divindade de Jesus" (João, 1: 1-5), como também por conter passagens e diálogos não presentes nos outros Evangelhos, como a das "bodas em Caná da Galileia"; a "ressurreição de Lázaro"; a do encontro de Jesus com Nicodemos e a sua categórica afirmação a esse que é preciso nascer de novo, "para ver o reino de Deus" (João, 3: 1-16); a afirmativa que "na casa de meu Pai há muitas moradas" (João, 14: 2), e a promessa do envio do *Consolador* (João, 14: 16-26). As três últimas citadas consubstanciam, na visão es-

4 MAIA, João Nunes/Miramez (espírito). *Francisco de Assis*. 14. ed. Belo Horizonte: FONTE VIVA, 2000, pp. 29-30.

pírita-espiritualista, o princípio da reencarnação, a realidade da pluralidade dos mundos habitados e o advento da doutrina espírita, respectivamente.

O Evangelho de João é o único dos Evangelhos que em muitos aspectos diverge frontalmente do judaísmo organizado como religião. Ele está organizado em quatro partes que podem ser assim especificadas: 1ª – *Prólogo* que inclui o testemunho de João Batista em ser Jesus o Messias Prometido; 2ª – *O Livro dos Sinais* que se inicia com a transformação da água em vinho em Caná da Galileia e inclui todos os demais "milagres" de Jesus, ao todo sete; 3ª - *Livro da Glória* que abrange o que ficou conhecido como "A Paixão de Cristo", a "ressurreição de Jesus" e as suas aparições, já ressurreto e; *Epílogo* que inclui o último capítulo, o capítulo 21, em que João se identifica como o "discípulo amado".

Afirma o espírito Ramatís [5] que João preocupava-se demasiadamente com o julgamento da história sobre Jesus, e assim procurava extirpar qualquer opinião ou acontecimento desairoso que pudesse desmenti-lo em relação às profecias do Antigo Testamento; que a ressurreição e a ascensão do Mestre, em corpo e alma, assim como diversos fatos bíblicos que lhe foram atribuídos, eram apenas **justificações das predições do passado** (grifo nosso).

Neste livro nos propomos comentar, dentro da ótica espírita-universalista, numa análise singela, sem nenhuma pretensão exegeta para a qual não nos capacitamos, algumas anotações do apóstolo João. Para tanto, além do texto base da *Bíblia Sagrada* [6] fomos buscar informações em fontes variadas e nos valemos, sobretudo, da fantástica obra *O Sublime Peregrino*, ditada pelo espírito Ramatís ao médium Hercílio Maes. Nela, o instrutor universalista, com base em informações colhidas nos *registros akhásicos*, onde estão gravados os verdadeiros registros vivos da passagem do Mestre pelo planeta, e do seu encontro pessoal com Jesus na Palestina, quando foi o filósofo Fílon de Alexandria, aborda com sua ha-

5 MAES, Hercílio/Ramatís (espírito) *O Sublime Peregrino*. 18. ed. Limeira: **EDITORA DO CONHECIMENTO**, 2016, p. 301.

6 ALMEIDA, João Ferreira de. *Bíblia Sagrada* (Revista e Atualizada). 2. ed. Barueri: SOCIEDADE BÍBLICA BRASILEIRA, 2009, pp. 1064-1095.

bitual clareza e simplicidade, num realismo cinematográfico, todos os eventos que marcaram a passagem do Divino Rabi pela Terra.

Conscientes que o Evangelho é a síntese de ensinamentos cósmicos válidos em todas as épocas e em todas as latitudes do universo, procuramos extrair dos simbolismos e alegorias em que às vezes ele se apresenta, a mensagem oculta direcionada aos que têm *olhos de ver e ouvidos de ouvir* e que constitui a essência da *Boa Nova* que Jesus veio anunciar ao mundo. Despojá-lo dos fatos miraculosos que atentam contra o bom senso das Leis universais, as quais ele próprio Jesus afirmou que não viera destruir, compatibilizando-o com a nova mentalidade a vigorar nos "Novos Tempos" que se aproximam.

O autor

O Discípulo Amado

Ao apóstolo João Evangelista...

Espírito antiquíssimo de elevadíssima evolução
Que enverga túnica angelical à qual faz jus,
Que na Terra sempre esteve ao lado de Jesus
Desde os primeiros tempos de sua criação.

João é intenso foco de policromática luz...
Ser cosmicamente emancipado, independente...
Do sistema estelar de Sírius é proveniente
E pertencente à família espiritual de Jesus.

Empenhado no esforço que o homem conduz
Das trevas à luz que a verdade encerra,
Por várias vezes esteve encarnado na Terra,
Em algumas delas como médium de Jesus.

Foi, como intérprete da Divina Verdade
Que desceu dos céus à terra em todo tempo,
O Profeta Samuel – Do Velho Testamento,
Ratificando o fenômeno da mediunidade [7].

Foi, na escuridão trevosa da Média Idade,
A Luz que resplandeceu cheia de encanto.
Vivendo Francisco de Assis – O homem santo,
Foi a máxima expressão do amor e da caridade.

---

7 Saul consulta a pitonisa de En-dor e se comunica com o espírito de Samuel (I Samuel, 28: 1-24)

Foi aquele que permaneceu *aos pés da cruz*
Até ver o trágico desfecho consumado.
Foi João Evangelista – O discípulo amado
Do mais elevado espírito da Terra – Jesus!

O autor

No Princípio era o Verbo...

Os primeiros cinco versículos do primeiro capítulo do Evangelho de João têm sido ao longo do tempo causa de infindáveis discussões teológicas, podendo mesmo afirmar que constituem a maior polêmica do Novo Testamento. Neles lemos:

> No princípio era o Verbo, e o Verbo estava com Deus, e o Verbo era Deus. Ele estava no princípio com Deus. Todas as coisas foram feitas por ele, e sem ele nada do que foi feito se fez. Nele estava a vida, e a vida era a luz dos homens. (João, 1: 1-5)

Com base nestes versículos e também no versículo 14 do mesmo capítulo: "E o Verbo se fez carne, e habitou entre nós" [...], a igreja estabeleceu o dogma da "Divindade de Jesus Cristo". Tal dogma ensina que "Jesus Cristo é verdadeiro Deus e filho de Deus por essência", que possui a infinita natureza divina com todas as suas infinitas perfeições por haver sido engendrado eternamente por Deus, ou seja, implicitamente afirma que Jesus e Deus constituem um único ser, ou que acima de Jesus não existe outro ser.

Prado [8] afirma que este dogma surgiu no século quarto durante um acalorado debate entre os bispos católicos de língua grega e os de língua latina, no que ficou conhecido como *controvérsia ariana*. O tema do debate girava em torno do *verbo que se fez carne* e do *Filho de Deus*. Alguns bispos, seguidores de Ário [9], eram a favor do conceito de que Cristo

8 PRADO, Eliseu Lamosa. Estudos secretos sobre Jesus Cristo. Disponível em: *https://estudosespiritas-milsoliva.blogspot.com/2012/02/estudos-secretos-sobre-jesus-cristo.htm* > Acesso em 29 de jul. 2021.

9 Ário ou Areo, presbítero cristão de Alexandria nos tempos da igreja primitiva,

tinha sido criado e, portanto, seria um ser subordinado ao "Pai". Os outros bispos, por sua vez, consideravam uma heresia esta opinião e penderam o debate para a adoração do "Deus encarnado".

Como não houve consenso entre as partes e, sabedores que somente através do surgimento de um dogma tal questão seria resolvida, em 325 d.C. foi convocado um Concílio pelo imperador Constantino, o Grande, na cidade de *Niceia*, no qual foi proclamado o "Dogma da Divindade de Jesus Cristo", que é até hoje confessado e defendido tanto pela Igreja Católica quanto pelas protestantes. Todavia, afirma Prado, tendo em vista que os registros acusam que nesse concílio compareceram apenas a minoria dos bispos, e a maior parte deles era da região de língua grega, não tendo comparecido nem mesmo o papa Silvestre I, fica sempre a dúvida se as decisões tomadas nessa assembleia foram tomadas a favor da verdade ou da estratégia político-religiosa de Constantino.

Por outro lado, há biblistas que afirmam que este prólogo do Evangelho de João era um hino já conhecido na época em que seu Evangelho foi escrito, tendo o apóstolo o inserido como abertura para o seu Evangelho [10], hipótese aparentemente verídica haja vista o fato do apóstolo não voltar a empregar a palavra "verbo", referindo-se ou não a Jesus, nos demais capítulos, e também pelo fato de relatar diversas passagens em que Jesus se coloca claramente abaixo de Deus, a quem chama de "Pai", como nesta: "Ouvistes o que eu vos disse: vou e venho para vós. Se me amásseis, certamente, exultaríeis por ter dito: *vou para o Pai, porque o Pai é maior do que eu"* (João, 14: 28). (grifo nosso).

A princípio tudo nos leva a identificar o *Verbo* como Deus-Pai, o Criador incriado do universo infinito com os bilhões de astros que o povoam. Corrobora para tal o fato de a palavra *verbo* ter, entre outros, o significado de ação, e Deus está permanentemente em ação, sempre criando, já que o universo está em constante expansão. Contudo, há a considerar o fato de que a palavra verbo é a tradução na língua portuguesa da

---

fundador da doutrina arianista, tida como herege.

10 WILKON, Morel Felipe. No princípio era o Verbo... Disponível em: *http://www.espiritoimortal.com.br/no-principio-era-o-verbo* > Acesso em 29 de jul. 2021.

palavra grega *logos*, uma vez que os Evangelhos foram escritos em grego. A palavra *logos* tem sentido bem mais abrangente em relação à palavra verbo e, portanto, todo e qualquer estudo que se faça a respeito deste prólogo do Evangelho de João, deverá ser feito considerando o conceito de *logos* e não apenas o da palavra verbo na concepção que normalmente lhe atribuímos.

O filósofo e pensador Heráclito de Éfeso, que viveu cerca de 500 a.C., foi o primeiro a propor a ideia do *Logos* como conceito filosófico e, embora os múltiplos significados que a palavra possui, como: palavra, conceito, juízo, discurso, razão, Deus, Zeus, alma, consciência etc., num sentido mais amplo *Logos* pode ser definido como "princípio inteligente e vital de tudo e de todos" [11]. O fato de João ter escrito o seu Evangelho em Éfeso, a mesma cidade em que viveu Heráclito, permite admitir que o conceito de *Logos* não foi exclusividade de seu Evangelho, uma vez que já era exaustivamente conhecido e discutido na época.

Mais tarde, a partir dos conceitos de Heráclito, o estoicismo grego [12] afirma que todo o universo é corpóreo e governado por um *Logos* divino; sustenta que o "*Logos* é a razão suprema do mundo, a razão que rege o universo" e que a alma está identificada com este princípio divino como parte de um todo ao qual pertence. *Logos* (ou razão universal) ordena todas as coisas: tudo surge a partir dele, e de acordo com ele, graças a ele, o mundo é um *kosmos* (termo grego que significa harmonia). Segundo Wilkon [13] o *Logos* estoico teve grande influência sobre o cristianismo, pois seguir a "reta razão" era considerado como obediência ao *Logos*, obediência a Deus.

Observa-se que o conceito de *Logos* como o "princípio inteligente e vital de tudo e de todos", ou ainda como "a razão universal", assemelha-se ao conceito de Deus que deram os espíritos superiores a Allan Kardec, na primeira questão de *O*

11 KUNZ, Claiton André. A ideia do logos Segundo Heráclito de Éfeso. In: *Revista Batista Pioneira*, v.8, n.2, 2019, pp. 248-275.

12 Estoicismo ou Escola Estóica: Doutrina filosófica fundamentada nas leis da natureza que surgiu na Grécia no século IV a.C., fundada pelo filósofo grego Zênon de Cítio (333 a.C. – 263 a.C.).

13 WILKON, Morel Felipe. No princípio era o verbo... Disponível em: *http://www.espiritoimortal.com.br/no-principio-era-o-verbo* > Acesso em 29 de jul. 2021.

Livro dos Espíritos [14], quando este lhes indaga: *Que é Deus?* E eles lhe respondem: "Deus é a inteligência suprema, causa primária de todas as coisas".

Evidentemente, diante destes conceitos a ideia da encarnação do *Logos* em um ser humano, ainda que este seja Jesus, em um insignificante planeta situado num insignificante sistema estelar, diante da imensurável grandeza do universo, com seus bilhões e bilhões de astros, torna-se absolutamente inconcebível.

O platonismo [15] também alimentava um conceito referente ao *Logos*. No médio-platonismo (século I a.C. – II d.C.) Deus era concebido como absolutamente transcendente e impassível. Esse Deus mantinha ligação com o mundo sensível, tal qual nós o conhecemos, através do *Logos*, "a razão universal". Nesse contexto o *Logos* passa a ser "um intermediário, ou quase, entre Deus e o homem". [11]

Fílon de Alexandria [16], que viveu de 10 a.C. a 50 d.C, um dos mais renomados filósofos do judaísmo helênico, estava convencido de que a fé judaica e a filosofia grega coincidiam em diversos pontos, em especial na busca da verdade. Era seu pensamento:

> [...] Existe um Deus único, incorpóreo e que não tem princípio. Deus criou o Logos, que é a atividade intelectiva de Deus, e ao Logos devemos a criação do mundo. O Logos é o que está entre Deus e os homens, é o intermediário da relação entre os dois. O Logos é o ser mais antigo, o primeiro a ser criado por Deus e é também a sua imagem. [17]

Este novo conceito de *Logos* evidencia que o mesmo não é Deus, mas o princípio de mediação entre Deus e a matéria. No livro *Mensagens do Astral* [18] o espírito Ramatis, pela psicografia do médium Hercílio Maes, conceitua o *Logos*, também

14 KARDEC, Allan. *O livro dos Espíritos*. 83ª ed. Brasília: FEB, 2002, p. 51.

15 Platonismo: Corrente filosófica baseada nas ideias do filósofo e matemático grego Platão (428 a.C. – 347 a. C.), discípulo de Sócrates (470 a.C. – 399 a.C.).

16 Fílon de Alexandria, segundo várias fontes, foi uma das encarnações do espírito Ramatís (nota do autor).

17 Fonte: Filosofia. Fílon de Alexandria (10 a.C. – 50 d.C.). Disponível em: *www.filosofia.com.br/historia_show.php?id=39* > Acesso em 02 de ago. 2021.

18 MAES, Hercílio/ Ramatís (espírito). *Mensagens do Astral*. 16. ed. Limeira: **EDITORA DO CONHECIMENTO**, 2005, Cap. 17. (Os Engenheiros siderais e o plano da Criação).

por ele denominado de *Engenheiro* ou *Arcanjo Sideral*, da seguinte forma:

> Os Engenheiros Siderais são entidades espirituais de elevada hierarquia no Cosmo, as quais interpretam e plasmam o pensamento de Deus na forma dos mundos e de suas humanidades. Através da ação dinâmica do Verbo - que podeis conceituar como pensamento "fora de Deus" - aquilo que permaneceria em condições abstratas na Mente Divina revela-se na figura de mundos exteriores. Embora saibais que o pensamento puro do Onipotente é o princípio de todas as coisas e seres, pois "no princípio era o Verbo, e o Verbo estava com Deus, e o Verbo era Deus", como elucida João Evangelista, existem os elos intermediários entre o "pensar" e o "materializar" divino, que se constituem de leis vivas, operantes e imutáveis, que dão origem à matéria e à energia condensada. Esses conjuntos e leis vivas são os Engenheiros Siderais ou Espíritos Arcangélicos, que apreendem o pensamento divino e o revelam no plano denso da Criação, proporcionando até a vida microscópica, para formação das consciências menores. Essas entidades, que os iniciados conhecem desde os pródromos da Atlântida, são dotadas do poder e da força criadora no "sexto plano cósmico", no qual se disciplina a primeira descida dos espíritos virginais a caminho da matéria, através das sete regiões da ascensão angélica. Como os mais altos intermediários do pensamento incriado do Absoluto, até se plasmar a substância física, os Arcanjos Siderais consolidam os mundos e os alimentam em suas primeiras auras constelatórias ou planetárias, assim como as aves aconchegam os seus rebentos sob o calor afetuoso do amor materno. [...].

Ao ser indagado sobre a descrição de tais entidades superplanetárias assim respondeu Ramatís:

> – Impossível é descrevê-las em sua exata estrutura e morfologia sideral, porque na forma do vosso mundo não há qualquer ideia ou vocábulo capaz de identificá-las, como Espíritos cujas auras se extravasam além

> dos orbes ou das constelações a que dão forma, ao mesmo tempo que presidem à ascensão de todas as coisas e seres para a Ventura Eterna. Talvez fosse possível à gota de água descrever o seu mundo, que é o oceano, por encontrar-se ainda ligada ao meio líquido; no entanto, teria de fracassar lamentavelmente se lhe pedissem que descrevesse o espírito do oceano!

Assim, os *Logos* são os "reveladores", na forma tangível, daquilo que preexiste eternamente no mundo interior, mental e virgem de Deus; são intermediários submissos e operantes entre essa Vontade Absoluta e Infinita, para fazê-la pousar até nas rugas das formas dos mundículos microcósmicos! Desta forma, Deus, a Mente Criadora, faz cumprir a Sua vontade através de seus prepostos (dos quais os *Logos* são os mais altos intermediários) mantendo o Cosmo em incessante atividade criadora.

Não devemos ver tais entidades como seres privilegiados da criação, criadas por Deus já dispondo de Seus atributos (Sabedoria, Amor, Poder e Vontade Criadora) em plenitude. Os *Logos*, criados como simples centelha (*mônada*) emanada de Deus, percorreram o mesmo longo caminho evolutivo a todos destinado, estagiando pelos reinos inferiores da natureza, exercitando a razão e os sentimentos no reino hominal, expandindo sua consciência em sabedoria e amor no reino angelical até alcançarem as culminâncias do poder e vontade criadora no reino arcangelical, quando, então, segundo Hamod [19], reintegram-se à Consciência Divina e pulsam com Ela nos processos de criação, gestão e renovação constante e infinita do Universo, e de todos os seus componentes, com todos os seus processos transformadores. Daí as palavras do apóstolo João: "No principio era o verbo. E o verbo estava com Deus. E o verbo era Deus" (João, 1: 1), "E todas as coisas foram feitas por ele, e sem ele nada do que foi feito se fez". (João, 1:3).

Observemos que até então as palavras do apóstolo se referem ao *Logos*, entidade arcangélica cuja consciência atua no "sexto plano divino" e que não mais pode se manifestar indi-

---

19 HAMOD (espírito). O Sistema Solar: Criação, dimensões e vidas. In: MENDONÇA, Sávio/Ramatís (Coord.) *Missão Planetária* – O principio, a evolução e o futuro da humanidade. 1. ed. Limeira: **EDITORA DO CONHECIMENTO**, 2016, p. 56.

vidualmente corporificado, por mais sutis que sejam os seus corpos, pois é apenas energia consciente e condensada em fótons, que gera pura luz, cuja consciência perpassa a todos e a tudo a que está sistematicamente ligado no cosmo.

Dessa forma, o *Logos* do Evangelho de João não pode ser Jesus, pois este é entidade angélica cuja consciência é atuante no quinto plano divino de evolução (nirvânico). [20] Esclarece-nos Hamod [19] que espíritos do grau angelical de Jesus, embora não mais apresentem condições energéticas de rebaixar-se vibratoriamente para reencarnar em dimensões físicas densas, como a da Terra (há dois mil anos tal fato ainda foi possível, exigindo hercúlea renúncia sacrificial por parte do divino Mestre)[21], ainda poderão fazê-lo em planetas mais evoluídos onde haja dimensões físico-energéticas mais sutis que a da Terra. Jesus, o espírito de maior envergadura espiritual já reencarnado entre nós, participou ativamente do projeto de criação da Terra junto à equipe de arcanjos solares e estelares, sendo o seu governador espiritual, responsável pelo destino de sua humanidade.

Nos versículos quatro e cinco do primeiro capítulo do Evangelho de João lemos: "Nele estava a vida, e a vida era a luz dos homens. E a luz resplandece nas trevas, e as trevas não a compreenderam". São interessantíssimas as colocações de Wilkon [22] a respeito destas palavras de João. Diz ele:

> Deus é a inteligência suprema. A inteligência se manifesta através do pensamento. O pensamento se organiza através da palavra. A manifestação da inteligência é o pensamento. A palavra é a exteriorização do pensamento. João, na sua primeira epístola, diz que "Deus é amor" (1 João 4: 8); e que "Deus é luz" (1 João 1: 5). Amor e luz são a mesma coisa. A palavra de Deus, ou o Verbo de Deus é luz e amor que se exteriorizam do pensamento de Deus. O pensamento se organiza através da palavra. *O verbo estava com Deus*: A Palavra estava no Pensamento. O Verbo é a ação de

20 Aos leitores interessados em aprofundar conhecimentos sobre os planos divinos de evolução recomendamos a obra *Missão Planetária*, coordenada pelo espírito Ramatís, no capítulo 1, das páginas 48 a 58. (Nota do autor).

21 Observação do autor.

22 WILKON, Morel Felipe. No princípio era o verbo... Disponível em: *http://espiritoimortal.com.br/no-principio-era-o-verbo* > Acesso em 29 de jul. 2021.

> Deus, ora, se "Deus é amor", se "Deus é luz", amor e luz se manifestam no mundo através do Logos, do Cristo que habita em cada um de nós, da fagulha da luz de Deus que temos em nosso íntimo.

Deus é luz, portanto, a luz resplandece eternamente, o tempo todo o amor de Deus se derrama sobre Sua criação através do *Logos*. Jesus é o espírito que mais se aproxima vibratoriamente do *Logos da Terra*, também denominado de *Cristo Planetário*, é aquele que melhor o personifica e com ele se sintoniza, tendo atuado, quando esteve encarnado entre nós, como o seu mais fidedigno medianeiro. Tratando-o por "Pai", chegou a afirmar em dado momento em que se sintonizava plenamente com essa consciência crística: "Eu e o Pai somos um" (João, 10: 30), conforme afirma Ramatís, no livro *Mensagens do Astral,* quando assim se expressa a respeito da entidade Jesus de Nazaré:

> Realmente, Jesus foi o revelador do Cristo, o mais credenciado e Sublime Intermediário do Amor Absoluto, no vosso mundo. Pela sua Consciência Espiritual, fluiu e se fixou vigorosamente nas sombras terráqueas a Luz Crística, aflorando então à superfície da Terra e tornando-se o "Caminho, a Verdade e a Vida". Quando o Mestre afirmou "Eu e meu Pai somos um" e "Ninguém vai ao Pai senão por mim", era o Cristo Planetário que atuava e transmitia o seu Pensamento diretivo por intermédio do seu divino médium Jesus, corporificado no plano físico. O Ungido, o Escolhido ou o Eleito para materializar o Verbo em vocábulos ou ideias acessíveis à mente humana, sob a égide do Arcanjo Planetário e criador da Terra, foi realmente aquele sublime Homem-Luz, retratado na figura angélica de Jesus de Nazaré, o doce filho de Maria. [23]

Quando João menciona: "E a luz resplandece nas trevas, e as trevas não a compreenderam" (João, 1: 4,5), pela primeira vez no capítulo está se referindo a Jesus como o mais sublime revelador da Luz Crística na Terra e, de fato, as trevas, simbolizada pela ignorância humana, não a compreenderam.

---

23 MAES/Hercílio/Ramatís (espírito). *Mensagens do Astral.* 16.ed. Limeira: **EDITORA DO CONHECIMENTO**, 2005.

Em 1: 13 a sua colocação: "Os quais não nasceram do sangue, nem da vontade da carne, nem da vontade do homem, mas de Deus", nos informa sobre nossa origem divina. Fomos criados por Deus, somos centelha emanada de Sua essência, portanto, portamos em estado latente os Seus atributos, o que implica dizer que os espíritos originalmente não vieram *do sangue nem da vontade da carne, nem da vontade do homem*, aqui representando o universo material.

Na sua afirmação no versículo 14: "E o Verbo se fez carne, e habitou entre nós, e vimos a sua glória, como a glória do unigênito do Pai, cheio de graça e de verdade", João está se referindo a Jesus, encarnado, revelando aos homens a glória do *Logos da Terra*, do *Verbo*, ou *Cristo Planetário* com o qual manteve-se em plena comunhão mental no seu messianato de amor, haja vista que, como já comentado, tais entidades siderais não mais detêm quaisquer possibilidades de se manifestar corporificadas individualmente.

João Batista – O Precursor

> Houve um homem enviado de Deus, cujo nome era João. Este veio para testemunho, para que testificasse da luz, para que todos cressem por ele. Não era ele a luz, mas para que testificasse da luz. (João, 1: 6-8)

João Batista foi o último dos profetas que anunciaram a vinda de Jesus. Filho de Zacarias e Isabel, prima de Maria, mãe de Jesus, era primo do Messias. Espírito de têmpera enérgica, fora em remota encarnação o profeta Elias, aquele que após vencer uma aposta diante do Rei Acabe e da rainha Jezabel, no Monte Carmelo, provando que o Deus que libertou o povo hebreu do jugo dos egípcios, tendo como líder Moisés, o Deus único e verdadeiro, era mais poderoso que o deus pagão *Baal*, exigiu do mesmo que os profetas de Baal (e eram torno de 450) fossem mortos, decapitando-os (I Reis, 18: 19-40) [24].

A sua vinda, como precursor, investido da sublime missão de preparar o caminho por onde Jesus haveria de passar, isto é, de aprimorar os sentimentos e aparar arestas internas, possibilitando aos homens da época adquirir condições morais apropriadas para receber a sublime mensagem da *Boa Nova* em seus corações, foi profetizada por Isaias (40: 3): "Voz do que clama no deserto: Preparai o caminho do Senhor, endireitai na solidão as veredas do nosso Deus", e ratificada pelo profeta Malaquias em 4:5: "Eis que vos enviarei o profeta Elias,

24 Elias pediu ao rei Acabe que fossem amontoadas duas pilhas de lenha secas e que os sacerdotes de Baal a acendessem pela força de seu Deus. Após quatro horas de tentativas frustradas o prazo encerrou-se. Então, o profeta, que era médium de efeitos físicos de notáveis possibilidades, dá início à sua tentativa e após orar ao Deus Jeová, o Deus único dos hebreus, que havia sido abandonado pelas doze tribos por ordem do rei, as labaredas tomam toda a pilha de lenha.

antes que venha o dia grande e terrível do Senhor".

João Batista levou uma vida muito austera, abstendo-se de bens e prazeres, vivendo unicamente para o ministério do bem, convocando o povo ao arrependimento dos pecados e a se prepararem para receber o Redentor. Chamado de O *Precursor*, vestia-se de peles e alimentava-se de mel e animais silvestres verberando intimoratamente os atos de degradação humana, fosse a que nível fosse. [25].

O testemunho de João Batista a respeito de ser Jesus o Messias ansiosamente esperado, vemos em João 1: 15-18, onde lemos:

> João testificou dele, e clamou, dizendo: Este era aquele de quem eu dizia: O que vem após mim é antes de mim, porque foi primeiro do que eu. E todos nós recebemos também da sua plenitude, e graça por graça. Porque a lei foi dada por Moisés; a graça e a verdade vieram por Jesus Cristo. Deus nunca foi visto por alguém. O Filho unigênito, que está no seio do Pai, esse o revelou.

Ao ser questionado pelos sacerdotes e levitas enviados dos judeus de Jerusalém a fim de se certificarem quem afinal ele era, João Batista reitera o seu testemunho confirmando não ser o Messias esperado: "Eu não sou o Cristo", e também afirma não ser o profeta Elias: "Então lhe perguntaram: Quem és, pois? És tu Elias? Ele disse: Não sou". (João, 1:19, 20), mas confirma ser aquele que o profeta Isaías (40:3) anunciou como o *Precursor* do Messias. "Então ele respondeu: Eu sou a voz do que clama no deserto: Endireitai o caminho do Senhor" [...]. (João, 1: 23).

Curiosamente o apóstolo João não menciona a passagem relatada por Mateus (17: 10-13) em que Jesus, após a *Transfiguração* no monte *Tabor*, respondendo aos apóstolos Tiago, Pedro e João sobre a volta de Elias, conforme a predição de Malaquias (4:5), afirma: "Eu, porém, vos declaro que Elias já veio, e não o reconheceram [...]. Então os discípulos entenderam que lhes falara a respeito de João Batista", e de maneira

25 Fonte: Editora Vivência. Elias – João Batista: um caso de reencarnação. Disponível em: *https://www.ippb.org.br/textos/especiais/editora-vivencia/elias-joao-batista-um-caso-de-reencarnação* > Acesso em 14/08/2021.

inequívoca ratifica ser João Batista a reencarnação do profeta Elias, em Mateus, 11: 14: "E, se o quereis reconhecer, ele mesmo (**João Batist**a) é Elias, que estava para vir" [...]. (grifo nosso).

Inserimos essas narrativas do apóstolo Mateus no presente estudo porque, embora João Evangelista nada pronuncie a respeito de João Batista ser a reencarnação do profeta Elias, a negativa desse quando indagado sobre este fato, tem se constituído argumento para os anti reencarnacionistas negarem a reencarnação. Todavia, numa análise objetiva e desprovida de preconceitos preconcebidos, do texto de Malaquias escrito cerca de 430 antes da vinda de Jesus (Malaquias, 4:5*):* "Eis que vos enviarei o profeta Elias, antes que venha o dia grande e terrível do Senhor", e o do apóstolo Mateus (11: 12-15):

> Desde os dias de João Batista até agora, o reino dos céus é tomado à força e os violentos o tomam de assalto. Porque todos os profetas e a Lei profetizaram até João. **E, se o quereis reconhecer, ele mesmo é Elias, que estava para vir. Quem tem ouvidos para ouvir, ouça.** (grifo nosso).

Observa-se que, primeiramente, "Deus fala" (conforme o entendimento de determinados segmentos de cristãos que a Bíblia é a palavra de Deus) por intermédio de Malaquias que enviará Elias antes que venha o dia grande e terrível do Senhor, aqui entendido como o "advento de Jesus" e, posteriormente, o próprio Jesus afirma que João Batista é o Elias que estava para vir. Diante de tais afirmativas, não aceitar que João Batista é a reencarnação do profeta Elias é admitir que Deus não cumpriu a sua promessa e/ou que Jesus mentiu ou se enganou a respeito de João, uma vez que o Mestre é taxativo em sua afirmação, não deixando margens para quaisquer elucubrações ou dúvidas: [...] "Ele mesmo é o Elias, que estava para vir" [...] (Mateus, 11:14). Ao encerrar suas palavras com o habitual: "Quem tem ouvidos para ouvir, ouça", Jesus queria dizer que nem todos estavam preparados para compreender a essência de suas palavras, aliás, como continua acontecendo até os nossos dias.

Corrobora a nossa posição o versículo 11: 12 da narrativa

de Mateus: "Desde os dias de João Batista até agora, o reino dos céus é tomado à força e os violentos o tomam de assalto". Ora, Jesus e João eram contemporâneos, tinham a mesma idade, devendo João ter iniciado o seu ministério, talvez, alguns anos antes que Jesus iniciasse o seu, após ser batizado nas águas do rio Jordão, logo, Jesus não poderia estar se referindo ao tempo presente e sim ao tempo em que o mesmo João Batista vivera como profeta Elias. Nos quase nove séculos que separam Elias de Jesus no tempo, a "Lei mosaica", com toda sua rigidez, vigorou em plenitude, estabelecendo que o "reino de Deus" deveria ser obtido pela violência imposta aos infiéis, aos ímpios e a todos os que cultuassem outros deuses em detrimento de Jeová, o Deus único e verdadeiro dos judeus.

O fato de João Batista ter negado ser Elias deve ser visto como algo lógico e mesmo natural, haja vista que João, em decorrência do esquecimento temporário do passado quando reencarnamos, não tinha como saber se fora ou não, e a pergunta foi se ele era Elias e não se ele foi o profeta Elias.

O retorno de Elias como João Batista está também bastante claro no Evangelho de Lucas (1: 13 - 17) quando o Anjo Gabriel assim se dirige a Zacarias:

> [...] Zacarias, não temas, porque a tua oração foi ouvida, e Isabel, tua mulher, te dará à luz um filho, a quem darás o nome de João. Em ti haverá prazer e alegria, e muitos se regozijarão com o seu nascimento. Pois ele será grande diante do Senhor, não beberá vinho, nem bebida forte e será cheio do Espírito Santo, já do ventre materno. E converterá muitos dos filhos de Israel ao Senhor, seu Deus. **E irá adiante do Senhor no espírito e poder de Elias**, para converter o coração dos pais aos filhos, converter os desobedientes à prudência dos justos e habilitar para o Senhor um povo preparado. (grifo nosso).

No retorno do profeta Elias como João Batista fica também patente o cumprimento da inexorável "Lei do carma", ou "Lei de causa e efeito", uma vez que João, enquanto profeta Elias, viveu em constante atrito com o rei Acabe e a rainha Jezabel por causa do culto que era promovido ao deus pagão

Baal. Em defesa de *Jeová*, o seu Deus e Deus dos hebreus, foi excessivamente rigoroso e cometeu muitas atrocidades, das quais a mais grave foi a de passar a fio de espada e decapitar 450 sacerdotes do templo do deus *Baal* junto ao ribeiro de *Quison* (III Reis, 18: 19-40) comprometendo-se carmicamente com a "Lei".

Reencarnado como João Batista, investido da missão de anunciar a vinda do Messias e preparar o povo para receber as suas palavras, ele ressarciu, em parte, os seus débitos, sendo também decapitado por ordem de Herodes, a pedido de Salomé, que o agradou numa apresentação de dança, manobrada ardilosamente pela sua mãe, Herodíades (Mateus, 14: 6-8). É interessante observar que neste caso a "Lei do Carma" funcionou rigorosamente de acordo com a sentença: "Todos que lançam mão da espada à espada perecerão" (Mateus, 26:52), sendo João Batista morto da mesma forma que, como profeta Elias, matou os sacerdotes do deus *Baal,* isto é degolando-os, pois teve também sua cabeça cortada e entregue numa bandeja a Herodes, inclusive em circunstâncias que envolveram sua peleja com uma rainha, tal como acontecera no passado distante.

O Evangelho de João não relata ter sido Jesus batizado por João Batista nas águas do Jordão, ao contrário das anotações de Mateus e Marcos, o que, aliás, nos parece desnecessário por estar implícito no texto; descreve, contudo, o seu testemunho diante das manifestações que ocorreram no âmbito espiritual durante a cerimônia, como se vê em João 1: 32-34:

> E João testificou, dizendo: Eu vi o Espírito descer do céu como pomba, e repousar sobre ele. E eu não o conhecia, mas o que me mandou a batizar com água, esse me disse: Sobre aquele que vires descer o Espírito, e sobre ele repousar, esse é o que batiza com o Espírito Santo. E eu vi, e tenho testificado que este é o Filho de Deus.

A respeito das manifestações espirituais ocorridas na singela cerimônia do batismo de Jesus, esclarece Ramatís no livro *O Evangelho à Luz do Cosmo* [26], psicografado por Hercílio Maes:

26 MAES, Hercílio/Ramatís (espírito). *O Evangelho a Luz do Cosmo*. 1. ed. Limei-

"Assim que Jesus completou 30 anos de idade, tendo alcançado a plenitude de sua faculdade mediúnica, então ocorreu o tradicional batismo realizado por João Batista, ratificado pela presença na tela astralina da Terra da pomba do Espírito Santo, símbolo da paz, da comunhão sideral superior, isto é, a manifestação ideoplástica da luz do próprio Cristo planetário do orbe [...] Aliás, etimologicamente, a palavra "Christós" significa o Ungido, o que então se dizia de Jesus, por ter sido eleito para a missão de ensinar à humanidade terrena o Caminho da Verdade para a Vida Real e Eterna. Realmente, Jesus passou a ser considerado o Ungido pelos próprios apóstolos, em seguida à cerimônia do batismo, em cujo momento os clarividentes puderam vislumbrar a munificente presença do Cristo simbolizado na figura imaculada e pacífica da pomba do Espírito Santo. Tratava-se de um símbolo, o mais eletivo à singela cerimônia do batismo, em que o Cristo do orbe terráqueo, dali por diante, estaria atuando mais intensamente no seio das trevas compactas da vida humana, por intermédio do seu mensageiro: Jesus de Nazaré."

Esclarece-nos Ramatís que a "pomba branca" é o símbolo máximo empregado para notificar a ação do Arcanjo Planetário operando na modificação dos grandes ciclos de renovações espirituais, e que, portanto, a partir daquele momento, o Cristo Planetário passou a vibrar mais diretamente na carne do seu Divino Médium e a manter um contato mais permanente com a sua consciência, tornando-se frequente, a partir do momento do batismo, as afirmações de Jesus, sem qualquer vacilação: "Eu e meu Pai somos um" ou "Ninguém vai ao Pai senão por mim".

---

ra: **EDITORA DO CONHECIMENTO**. 1974 pp. 109-110.

As bodas em Caná da Galileia

O primeiro "milagre" de Jesus é descrito pelo apóstolo João (2: 1-12) quando Jesus, sua mãe e seus discípulos se encontravam presentes numa celebração de bodas em Caná da Galileia. Descrevendo por parte o ocorrido lemos:

> Três dias depois, houve um casamento em Caná da Galileia; achando-se ali a mãe de Jesus. Jesus também foi convidado, com os seus discípulos, para o casamento. Tendo acabado o vinho a mãe de Jesus lhe disse: Eles não têm mais vinho. Mas Jesus lhe disse: Mulher, que tenho eu contigo? Ainda não é chegada a minha hora. Então, ela falou aos serventes: Fazei tudo quanto ele vos disser (João, 2: 1-5).

O nome Caná significa "lugar de canas" e na época era lugarejo pobre e esquecido, localizado na parte montanhosa da Galileia, distando pouco mais de 13 km de Nazaré. Uma contextualização da narrativa de João é feita a seguir:

Os noivos eram pobres, pois se fossem ricos, provavelmente, não faltaria o vinho [...]. No tempo de Jesus, as festas de casamento perduravam uma semana inteira. Era preciso prever as refeições, bem como o vinho, para todos estes dias. É possível também que por parte dos noivos havia algum parentesco com a família de Maria, por isso, a presença de Maria, Jesus e os discípulos [...]. Maria percebe que o vinho está acabando, e para evitar o constrangimento dos noivos, pois faltará o principal para festa, o vinho, que simbolizava a alegria e fartura. Então, Maria se dirige a Jesus, fazendo-lhe um pedido: "Eles não tem mais vinho". Fez esse pedido a Jesus, porque em seu coração sabia que seu filho podia ajudar [...]. A resposta de Jesus foi simples e pareceu desrespeitosa: **"Mulher, porque dizes isso a mim? Minha hora ainda não chegou".** Ao dar essa resposta a sua mãe, Jesus quer dizer que ainda não era o momento oportuno para certas demonstrações e assim começar sua missão[27].

A impressão que se tem de que Jesus teria sido desrespeitoso para com a sua mãe ao tratá-la por "mulher", deixa de existir quando se sabe que naquela época a palavra mulher era equivalente à palavra "senhora", era, portanto, uma forma respeitosa de tratamento. São várias as ocasiões em que Jesus a utiliza, como no caso de seu diálogo com a samaritana, quando diz: [...] "Mulher, podes crer-me que a hora vem, quando nem neste monte, nem em Jerusalém adorareis o Pai" (João, 4:21).

Cairbar Schutel no livro *O Espírito do Cristianismo* [28] comenta:

> É digno de nota *o* comparecimento do Mestre com sua família e seus discípulos numa festa de bodas. Com esse ato de presença, quis Ele exemplificar aos seus discípulos o caráter social da sua Doutrina, que deveria ser ensinada em toda a parte e não, somente, em templos especializados para tal fim.

Na sequência do relato de João lemos:

> Estavam ali seis talhas de pedra, que os judeus usavam para as purificações, e cada uma levava duas ou três metretas. Jesus lhes disse: Enchei de água as talhas. E eles as encheram totalmente. Então, lhes determinou: Tirai agora e levai ao mestre-sala. Eles o fizeram. Tendo o mestre-sala provado a água transformada em vinho (não sabendo donde viera, se bem que o sabiam os serventes que haviam tirado a água), chamou o noivo e lhe disse: Todos costumam pôr primeiro o bom vinho e, quando já beberam fartamente, servem o inferior; tu, porém, guardaste o bom vinho até agora. Com este, deu Jesus princípio a seus sinais em Caná da Galileia;

27 GALLO, Douglas. As bodas de Caná. Disponível em: https://ceacs.wordpress.com/estudos-biblicos/agosto-2011,,,qas-bodas-de-cana/ > Acesso em 15 de ago. de 2021.

28 SCHUTEL, Cairbar. *O Espírito do Cristianismo*. 8 ed. Matão: O CLARIM, p. 255.

> manifestou a sua glória, e os seus discípulos creram nele. Depois disto, desceu ele para Cafarnaum, com sua mãe, seus irmãos e seus discípulos; e ficaram ali não muitos dias. (João 2:5-12).

Esclarece o espiritismo que os fenômenos psíquicos são, em geral, considerados milagrosos ou sobrenaturais por não se conhecerem as causas que os produzem. Incluem-se nesse grupo os prodígios realizados por Jesus. Efetivamente, são fenômenos inusitados que despertam a atenção das pessoas. Entretanto, um estudo minucioso consegue explicá-los, subtraindo, assim, o aspecto de derrogação das leis naturais. O progresso científico vem contribuindo para elucidar muitos fatos que foram considerados milagres. [29]

O espírito Ramatís em *O Sublime Peregrino,* assim se manifesta a respeito dos milagres e feitos de Jesus relatados nos Evangelhos:

> – O Mestre realizou inúmeras curas e renovações espirituais, que não devem ser consideradas milagres, mas resultantes de suas faculdades mediúnicas. Em virtude de sua elevada hierarquia espiritual e da incessante cooperação das entidades angélicas que o assistiam, tudo o que ele realizava nesse sentido, embora tido por miraculoso, era apenas consequência da aplicação inteligente das leis transcendentais [...]. O conhecimento atual da fenomenologia mediúnica e a existência de médiuns de alta capacidade ectoplasmática comprovam os mesmos feitos do Sublime Galileu [...]. Há grande confusão nos relatos evangélicos, pois inúmeros fatos ocorreram de modo diferente do relatado; e também atribuíram-se a Jesus certos milagres absolutamente estranhos à sua vida [...]. Em verdade se Jesus houvesse praticado tantas coisas consideradas sobrenaturais, tornando-se a cópia-carbono de magos e alquimistas famosos, então a sua fama também seria fixada na história profana, como aconteceu a Simão, o Mago, Apolônio de Tyanna, Paracelso e outros iniciados. No entanto, somente os quatro Evangelhos,

29 Fonte: EADE - Estudos aprofundados da Doutrina Espírita – Religião à luz do Espiritismo. TOMO II – Ensinos e Parábolas de Jesus – Parte – I, Módulo IV, Roteiro 2. **As bodas de Caná**. Disponível em: *www.bibliadocaminho.com/ocaminho/Tematico/EE/Estudos/EadeP1T2P1.6.2.htm* > Acesso em 16 de ago. de 2021

aliás, escritos "segundo" o que os evangelistas disseram, e não o que eles mesmos escreveram, referem-se aos milagres de Jesus. O próprio Flávius Josefus [30], historiador da época, em suas narrativas não fez a mais leve citação a respeito dos milagres de Jesus [31].

Todavia, esta passagem do Evangelho de João exige de nós reflexões a respeito do por que teria Jesus transformado água em vinho para embebedar os convidados da festa, haja vista que o simples fato de o vinho ter acabado era, por si só, indicativo do estado de libação alcoólica dos partícipes, afinal eram seis potes de pedras com capacidade total de armazenamento de aproximadamente 600 litros que foram esvaziados.

É interessante observar que apesar dos discípulos estarem presentes no evento apenas João relata o fato. Kardec, no livro *A Gênese*, comentando as bodas de Caná, faz logo nas linhas iniciais esta observação. Diz o mestre lionês:

> Este *milagre*, referido unicamente no Evangelho de S. João, é apresentado como o primeiro que Jesus operou e nessas condições, deveria ter sido um dos mais notados. Entretanto, bem fraca impressão parece haver produzido, pois que nenhum outro evangelista dele trata. Fato tão extraordinário era para deixar espantados, no mais alto grau, os convivas e, sobretudo, o dono da casa, os quais, todavia, parece que não o perceberam [...]. Admitido que as coisas tenham ocorrido, conforme foram narradas, é de notar-se seja esse, de tal gênero, o único fenômeno que se tenha produzido. Jesus era de natureza extremamente elevada, para se ater a efeitos puramente materiais, próprios apenas a aguçar a curiosidade da multidão que, então, o teria nivelado a um mágico. Ele sabia que as coisas úteis lhe conquistariam mais simpatias e lhe granjeariam mais adeptos, do que as que facilmente passariam por fruto de grande habilidade e destreza. [32]

30 Historiador e apologista romano-judaico que viveu entre 38 a.C. a 100 d. C., descendente de uma linhagem importante de sacerdotes e reis. Registrou *in loco* a destruição de Jerusalém, em 70 d. C., pelas tropas do imperador romano Vespasiano, comandadas pelo seu filho Tito, futuro imperador. Suas obras fornecem um importante panorama do judaísmo no século I.

31 MAES, Hercílio/Ramatís (espírito). *O Sublime Peregrino*. 18. ed. Limeira: **EDITORA DO CONHECIMENTO**, 2016, pp. 234-235.

32 KARDEC, Allan. *A Gênese*. 8. ed. Catanduva: BOA NOVA, 2018, pp. 274-275.

O espírito Ramatís, no livro *O Sublime Peregrino* [33], faz considerações semelhantes a estas, quando indagado sobre o referido milagre de Jesus relatado por João. Diz o instrutor universalista:

> [...] É certo que Jesus e Maria estiveram presentes às bodas de Caná, pois o Mestre atendia afetuosamente às obrigações sociais de sua cidade, evitando humilhar ou afastar-se dos seus conterrâneos, mas torna-se evidente que, numa festa onde o vinho já havia se esgotado por ter sido distribuído com fartura, a maioria dos convidados devia se achar num estado de forte embriaguez. Embora Jesus fosse tolerante para com as fraquezas humanas, é evidente que ele não iria produzir mais vinho, porquanto se assim o fizesse, então o ambiente das bodas seria perturbado pelos excessos que ocorrem sempre que o Deus "Bacco" é o dominador de uma festa. Por conseguinte, esse suposto milagre em nada realçaria o caráter do Mestre; muito ao contrário, truncaria a linha reta de sua elevada compostura moral.

Fica evidente nas colocações destes dois *Mestres Ascencionados* que a narrativa de João não pode ser interpretada "ao pé da letra"; é necessário entendê-la como narrativa simbólica e procurar extrair os ensinamentos que ela contém. Ainda no livro *A Gênese*, à página 275, Allan Kardec faz o seguinte comentário, referindo-se a este registro de João:

> Mais racional é se reconheça aí uma daquelas parábolas tão frequentes nos ensinos de Jesus, como a do filho pródigo, a do festim das bodas, do mau rico, da figueira que secou e tantas outras que, todavia, se apresentam com caráter de fatos ocorridos. Provavelmente, durante o repasto, terá ele aludido ao vinho e à água, tirando de ambos um ensinamento. Justificam esta opinião as palavras que a respeito lhe dirige o mordomo: "Toda gente serve em primeiro lugar o vinho bom e, depois que todos o têm bebido muito, serve o menos fino; tu, porém, guardas até agora o bom vinho." Entre duas hipóteses, deve-se preferir a mais racional e **os espí-**

33 MAES, Hercílio/Ramatis (espírito). *O Sublime Peregrino* 18 ed. Limeira: **EDITORA DO CONHECIMENTO**. 2016. p. 235.

ritas não são tão crédulos que por toda parte vejam manifestações, nem tão absolutos em suas opiniões, que pretendam explicar tudo por meio de fluidos." (grifo nosso).

Podemos entender, num contexto simbólico, a transmutação ocorrida como mudança de um estado para outro, de um estado inferior (simbolizado pelo vinho de pior qualidade que vinha sendo servido) para um estado espiritualmente superior (o vinho bom simbolizado pelos novos ensinamentos de Jesus). Neste contexto as palavras do mestre-sala (a pessoa encarregada pela festa) ao noivo tomam novo significado: "Todos costumam pôr primeiro o bom vinho e, quando já beberam fartamente, servem o inferior; tu, porém, guardaste o bom vinho até agora" (João, 2: 10). Sobre tais palavras comenta o articulista Paulo da Silva Neto Sobrinho em postagem no Fórum Espírita [34]:

> Considerando que, com esse primeiro ato público, Jesus inicia a sua missão, podemos dizer que o "vinho bom guardado até agora" são os ensinamentos de Jesus, superiores aos recebidos anteriormente, por meio de Moisés, que seria simbolicamente o vinho de pior qualidade. Até mesmo porque, e sem querer desmerecê-los, a humanidade daquela época não estava preparada para receber vinho de melhor qualidade, se assim podemos nos expressar.

O espírito Emmanuel, pela psicografia do médium Chico Xavier, também traz a sua contribuição na interpretação simbólica das bodas de Caná, conforme vemos [35]:

> [...] O episódio ocorre numa festa de bodas, mas podemos aproveitar-lhe a sublime expressão simbólica. Também nós estamos na festa de noivado do Evangelho com a Terra. Apesar dos quase vinte séculos decorridos, o júbilo ainda é de noivado, porquanto não se verificou até agora a perfeita união... Nesse grande concerto da ideia renovadora, somos serventes humil-

34 SILVA NETO SOBRINHO, Paulo da. Bodas de Caná: o primeiro sinal. Fórum Espírita. Disponível em: *www.forumespirita.net/fe/accao-do-dia/bodas-de-cana-o-primeiro-sinal/#ixzz73Zpgvbe* >Acesso em 16 de ago. de 2021.

35 XAVIER, Francisco Cândido/ Emmanuel (espírito). *Caminho, verdade e vida*. 26. ed. Brasília: FEB: Rio de 2006, pp. 357-358

> des. Em muitas ocasiões, esgota-se o vinho da esperança. Sentimo-nos extenuados, desiludidos... Imploramos ternura maternal e eis que Maria nos responde: "Fazei tudo quanto ele vos disser". O conselho é sábio e profundo e foi colocado no princípio dos trabalhos de salvação. Escutando semelhante advertência de Mãe, meditemos se realmente estaremos fazendo tudo quanto o Mestre nos disse.

Assim, interpretamos esta passagem do Evangelho de João no seu contexto simbólico. Ali, em Caná da Galiléia, Jesus inicia a sua missão passando a oferecer aos "convidados para as bodas", (casamento do Evangelho com a Terra) o "vinho bom", essência dos novos ensinamentos de que era portador, uma vez que o povo já se embriagara do "vinho ruim", simbolizado pelos ensinamentos rígidos da Lei Mosaica a exigir "olho por olho e dente por dente", cujo estoque no barril do tempo se esgotara. Importante também a participação de Maria que se coloca como a eterna intercessora entre os homens e seu filho, orientando-nos no sentido de sempre fazermos tudo o que ele nos disser para que o vinho da paz e da alegria não venha faltar à mesa de nossa existência.

A Purificação do Templo

Relata o apóstolo João que no início de seu messianato, estando próxima a Páscoa dos judeus, Jesus se dirigiu para Jerusalém e, ao adentrar o Templo, se deparou com vendilhões de animais que lá negociavam suas mercadorias e cambistas que faziam seus negócios. Assim o apóstolo narra o episódio:

> Estando próxima a Páscoa dos judeus, subiu Jesus para Jerusalém. E encontrou no templo os que vendiam bois, ovelhas e pombas e também os cambistas assentados; tendo feito um azorrague de cordas, expulsou todos do templo, bem como as ovelhas e os bois, derramou pelo chão o dinheiro dos cambistas, virou as mesas e disse aos que vendiam as pombas: Tirai daqui estas coisas; não façais da casa de meu Pai casa de negócio [...]. (João, 2:13-16)

Evidentemente, a imagem de Jesus, de posse de um chicote, esbravejando, verberando impropérios e acoitando os homens, dando pontapés nas mesas, nas cadeiras e demais utensílios dos mercadores, além de espantar bois e ovelhas e libertar os pombos destinados à oferta nas cerimônias religiosas, enfim, a imagem de um Jesus arbitrário e despótico, tomado pela ira e agressividade contra os vendilhões do Templo, contradiz frontalmente com o Jesus angelical, espírito que pela sua condição evolutiva há muito já se desfez de quaisquer recalques capazes de rebaixá-lo a essa conduta, pois é a mais elevada personificação do amor, da bondade, da mansuetude, da paz, do perdão e da tolerância que já esteve encarnada entre nós.

É certo que os sacerdotes haviam transformado o Templo em casa de negócios e poder, disfarçado em casa de oração. Para lá iam as ofertas e os sacrifícios dos judeus que constituíam incalculável tesouro sob a administração deles que, além disso, auferiam lucros por todo e qualquer tipo de serviços ali prestados, esquecidos de seus deveres sacerdotais, todavia, tal fato jamais justificaria as atitudes supostamente tomadas por Jesus.

Informa-nos o espírito Ramatís [36] que o Cordeiro de Deus era dócil, pacífico e respeitoso em todos os seus atos e atitudes. Assim o demonstrou diante da mulher adúltera, ante a negação de Pedro e na traição de Judas. Sua missão não era de turbulência, nem de alterar os costumes tradicionais de uma cidade. Descera à Terra para viver, à luz do dia, as lições do amor e piedade, em toda sua extensão. Alma cósmica, compreensiva e sábia, não tinha quaisquer recalques de cólera. Enérgico diante das injustiças contra os fracos, jamais se transformaria num agressor vulgar atacando um punhado de homens ignorantes e necessitados de ganhar a vida.

Esclarece ainda que afirmar que Jesus teria considerado aquele local como a "Casa de Deus": "Tirai daqui estas coisas; não façais da casa de meu Pai casa de negócio" (João, 2: 16), é no mínimo descabido, quando em outras oportunidades, teria demonstrado que o seu conceito de "Casa de Deus" era bem mais amplo, alcançando todo o universo infinito com seus bilhões e bilhões de astros, como se vê em João 14:2: "Na casa de meu Pai há muitas moradas". Assim, diante da impossibilidade de se aceitar literalmente os fatos narrados, sobram-nos duas alternativas:

A primeira seria tentar extrair o espírito da letra, segundo palavras do apóstolo dos gentios (II Cor, 3: 6), ou seja, buscar nas letras mortas o seu verdadeiro sentido. Neste contexto, muitos tomando por base as palavras do apóstolo em 2: 21: "Ele, porém, se referia ao templo do seu corpo", interpretam o texto sob a perspectiva de que o nosso corpo físico é o templo do nosso espírito e, ao permitir que Jesus nele se instale (em nosso coração e em nossa casa mental), ao percebê-lo e senti-

36 MAES, Hercílio/Ramatís (espírito). *O Sublime Peregrino*. 18 ed. Limeira: **EDITORA DO CONHECIMENTO**. 2006, pp. 256-257.

-lo agindo em nós, ele o purificará e expulsará os vendilhões e os salteadores (orgulho, vaidade, egoísmo, ambição, desamor, maledicência e tantos outros) que aí se estabeleceram e conosco comerciam [37].

Kardec, no livro *O Evangelho Segundo o Espiritismo* [38], comentando a referida passagem evangélica destaca que, Jesus ao expulsar do Templo os mercadores condenou o tráfico das coisas santas sob qualquer forma, referindo-se, particularmente, aos dons mediúnicos.

A segunda alternativa, que consideramos mais viável, é considerar duvidosa a narrativa, já que não há prova alguma de que tenha sido escrita por qualquer dos evangelistas. Ramatís, em *O Sublime Peregrino*, da página 256 a 258, enumera uma série de motivos capazes de tornar inverídica a narrativa. Entre eles citamos:

a) A narrativa não se coaduna com os costumes hebraicos da época;

b) A violência e agressividade do ato desmentem a índole pacífica e tolerante de Jesus;

c) Os cambistas que, à distância, faziam seus negócios, eram modestos vendedores ambulantes, cuja féria mal lhes garantia o pão de cada dia. Se ele cogitasse, realmente, de expulsar os "vendilhões do Templo", teria que iniciar sua ação corretiva de dentro para fora, ou seja, enxotando primeiramente os próprios sacerdotes e os seus sequazes desonestos;

d) Seria absurdo que um forasteiro, de visita à cidade santa, provindo da Galileia, que era lugar de gente rude e de pescadores ignorantes, se pusesse a agir daquele modo, sobrepondo-se à lei ou hábito vigente na cidade;

e) Se Jesus houvesse açoitado o mais insignificante vendedor, os outros o subjugariam imediatamente, impedindo que o galileu recém-chegado do interior os agredisse e lhes causasse prejuízos;

f) Os vendedores eram consentidos e tributados por lei. Por conseguinte, Jesus, como bom hebreu e respeitador das

---

37 ALMEIDA, José Márcio de. A Purificação do Templo. Revista *O FÓTON*, n°12, julho/2018, p. 17-19.

38 KARDEC, Allan. *O Evangelho Segundo o Espiritismo*. 131 ed. (Edição histórica). Brasília: FEB. 2013. p. 307.

leis do país, não iria protestar, em público, mediante violência agressiva, contra o que sabia ser lícito.

Por conseguinte, conclui Ramatís:

> Não é somente o caráter impoluto, a contextura psicológica, a agudeza espiritual e a sabedoria cósmica de Jesus que contestam a possibilidade desse incidente chocante e que imerecidamente lhe atribuem, mas a própria tradição, os costumes e as leis judaicas o desfazem facilmente.

Esclarece Ramatís, em *O Sublime Peregrino* [39], que quando o Mestre Galileu e a turba de seus seguidores, entre gritos e vivas cada vez mais fortes e estridentes, após a entrada triunfal em Jerusalém e terem percorrido as ruas principais da cidade, desembocaram junto à porta principal do Templo, Jesus fez menção de sustar aquela marcha cada vez mais tensa e já indisciplinada, resolvido a dispersar os galileus de qualquer modo e deixá-los à vontade, convicto que ali deveria terminar aquele espetáculo ostensivo que ele mesmo não desejara, mas se vira impotente para impedi-lo. Então, viu surgir à sua frente a mais fabulosa atividade da vida dos judeus, como era o comércio religioso oficializado pelo Sumo Sacerdote, onde se acumulava incalculável massa de criaturas representativa de todas as profissões, raças, cultura e posição social da Judéia.

Prossegue Ramatís dizendo que no Pátio dos Gentios Jesus deslumbrou um mar de cabeças humanas distribuídas por tendas, balcões mesas, estrados, toldos e cadeiras, onde se destacava a resplandecência dos mostruários de pedras preciosas, moedas de ouro e de prata, estatuetas finíssimas do mais fino lavor, tudo conjugado à prodigalidade de flores policrômicas e plantas odoríferas de todos os hortos da Judéia. Sentados em suas cadeiras e abrigados sob pequenos toldos improvisados, centenas de judeus alardeavam as qualidades e a doçura de pombas provindas dos lugares mais pitorescos do mundo.

O episódio narrado pelo evangelista João atribuindo a Jesus atitudes comportamentais totalmente avessas à sua ín-

---

39 MAES, Hercílio/ Ramatís (espírito) *O Sublime Peregrino*. 18. ed. Limeira: **EDITORA DO CONHECIMENTO**, 2006, pp. 315-318.

dole amorosa e pacífica é descrito por Ramatis da seguinte maneira:

> [...] Jesus mal se absorvera naquele espetáculo empolgante de cintilações e falsidades, de luxo e miséria, especulações e cupidez, quando se deu conta que ele e seu grupo de discípulos mais chegados estavam sendo empurrados para dentro do pátio do Templo, pressionados fortemente pelos demais companheiros que vinham à retaguarda, desciam a ponte e atravessavam a praça num impacto perigoso, ovacionando a vitória da primeira etapa daquela marcha aventurosa. Assim que o Mestre se dirigiu a Pedro, João, Tomé, Felipe e Tiago, que estavam ao seu lado, para combinar sobre o que se deveria fazer dali por diante, eis que são levados de roldão pela alavancha humana, caindo de chofre sobre as primeiras mesas, tendas, cadeiras e toldos que se achavam à sua frente, lançando ao chão objetos, moedas, ânforas de perfumes, flores e vasos, enquanto centenas de pombas debandavam pelo rompimento de suas amarras ou de suas gaiolas. Passado o encanto, pois os vendeiros e cambistas já se preparavam para deixar o Pátio dos Gentios devido à noite que se aproximava, e se acendiam os primeiros archotes, houve uma rápida e violenta reação junto ao Mestre. Enquanto se iniciavam as primeiras cenas de pugilato entre os vendeiros e os galileus, que surgiam lutando para se desviarem da mole humana que passou a recebê-los com fragmentos de madeira, cordas, bastões e chicotes de couro, Tiago, Tomé e Pedro conseguiram arrastar Jesus do local, temerosos da ira popular. Impotente para dominar aquela situação que ainda mais o comprometia, Jesus acedeu aos rogos dos seus amigos e abandonou o local, esperando os demais discípulos em lugar ermo e sob a sugestão de Tomé [...]. A entrada turbulenta em Jerusalém e a infelicidade da desordem no Pátio dos Gentios já eram suficientes para enquadrar Jesus como profanador ante as leis rigorosas do Conselho Sacerdotal. Era evidente que os acontecimentos graves e perturbadores pareciam obedecer a uma força implacável que o conduzia, submisso, para aqueles dias trágicos.

Pode-se perceber pela narrativa de Ramatís que estes acontecimentos ocorridos, inteiramente contra a vontade de Jesus, deram origem às narrativas evangélicas que desmentem a sua natural bondade e amor aos seus semelhantes, colocando-o no papel de implacável verdugo vergastando com um chicote os simples e ignorantes vendilhões. Acreditamos que diante das arbitrariedades atribuídas a Jesus nestes versículos do apóstolo João, Jesus assim se expressaria, caso possível fosse:

A Purificação do Templo

Indiferentes ao amor que trago no coração,
Que sempre o demonstrei por palavras e atos,
Julgaram-me capaz - Os homens insensatos
De vergastar impiedosamente o meu irmão.

Esqueceram que, no suplício da crucificação,
Na exaltação de seus sentimentos putrefatos,
No silêncio de meus pensamentos abstratos
Rogava ao Pai que lhes desse o Seu Perdão.

Viram-me tomado por ódios e rancores
A esbravejar e espancar simples vendedores,
A promover espetáculo odiento de horror...

Como puderam depois de tudo o que fiz
Verem-me capaz de cometer tal ato infeliz
Se eu sou, em essência, tão somente Amor?...

O autor

O Nascer de novo...

No capítulo três de seu Evangelho o apóstolo João narra o encontro e o diálogo que Jesus manteve, na calada da noite, com certo homem chamado Nicodemos. Reproduziremos por parte o diálogo desenvolvido à medida que formos comentando-o. Narra o apóstolo:

> Havia, entre os fariseus, um homem chamado Nicodemos, um dos principais dos judeus. Este, de noite, foi ter com Jesus e lhe disse: Rabi, sabemos que és Mestre vindo da parte de Deus; porque ninguém pode fazer estes sinais que tu fazes, se Deus não estiver com ele. (João, 3: 1, 2).

A primeira pergunta que naturalmente nos surge é: Afinal, quem era Nicodemos? Nicodemos era fariseu, espécie de ordem religiosa e política, caracterizada pela intolerância, pelo apego às leis mosaicas e pelas manifestações de culto externo. Sobre a casta dos fariseus assim se manifesta Kardec na Parte Introdutória de *O Evangelho segundo o Espiritismo*[40]:

> [...] Os fariseus tomavam parte ativa nas controvérsias religiosas. Servis cumpridores das práticas exteriores do culto e das cerimônias, cheios de um zelo ardente de proselitismo, inimigos dos inovadores, afetavam grande serventia de princípios. Contudo, sob as aparências de uma devoção meticulosa, escondiam costumes dissolutos, extenso orgulho e, sobretudo, excessivo amor à dominação. A religião era para eles mais um meio de ascensão social do que objeto de uma fé sincera. Da

40 KARDEC, Allan. *O Evangelho Segundo o Espiritismo*. 131 ed. (Edição histórica). Brasília: FEB, DF. 2013. p 29.

> virtude nada tinham, exceto aparências e ostentação; no entanto, exerciam enorme influência sobre o povo, a cujos olhos passavam por santos personagens: por isso eram muitos poderosos em Jerusalém.

Afirma ainda Kardec que "eles acreditavam, ou pelo menos faziam profissão de crer, na Providência, na imortalidade da alma, na eternidade das penas e na ressurreição dos mortos". Em diversas passagens dos Evangelhos, mais especificamente no de Mateus, vemos Jesus desmascarando a hipocrisia dos fariseus, razão pela qual eles se tornaram ferrenhos adversários do Mestre.

Nicodemos fazia parte da elite sacerdotal do Sinédrio, que era uma assia de juízes judeus que legislavam sobre o povo. O espírito Humberto de Campos, pela psicografia de Chico Xavier, no livro *Boa Nova*[41], menciona que em face dos novos ensinamentos de Jesus, todos os fariseus do Templo se tomavam de inexcedíveis cuidados, pelo seu extremado apego aos textos antigos, e que, se por um lado, havia sacerdotes que o combatiam abertamente, convencionalistas que não o toleravam, indivíduos abastados que se insurgiam contra os seus ensinos, por outro, alguns espíritos acompanhavam o Messias, tomados de vivo interesse pelos seus elevados princípios e, entre esses, figurava Nicodemos, fariseu notável pelo coração bem formado e pelos dotes da inteligência. O encontro de Jesus com Nicodemos foi por ele descrito desta forma:

> Assim, uma noite, ao cabo de grandes preocupações e longos raciocínios, procurou a Jesus, em particular, seduzido pela magnanimidade de suas ações e pela grandeza de sua doutrina salvadora. O Messias estava acompanhado apenas de dois dos seus discípulos e recebeu a visita com a sua bondade costumeira. Após a saudação habitual e revelando as suas ânsias de conhecimento, depois de fundas meditações, Nicodemos dirigiu-se-lhe respeitoso:
>
> — Mestre, bem sabemos que vindes de Deus, pois somente com a luz da assistência divina poderíeis realizar o que tendes efetuado, mostrando o sinal do céu

41 XAVIER, Francisco Cândido/Humberto de Campos (espírito). *Boa Nova*. 20. ed. Brasília: FEB. Cap. 14. p. 93.

> em vossas mãos. Tenho empregado a minha existência em interpretar a lei, mas desejava receber a vossa palavra sobre os recursos de que deverei lançar mão para conhecer o Reino de Deus!

Afirma Cairbar Schutel no livro *Parábolas e Ensinos de Jesus* [42], corroborando o espírito Humberto de Campos, que Nicodemos era um homem bom e, por esse motivo, desejava imensamente encontrar-se com Jesus para conversar sobre assunto religioso, porque tivera notícias das pregações do Nazareno e das curas que ele fazia. Comenta Cairbar que embora não fosse um homem mau, Nicodemos estava tão impregnado dos ensinamentos da religião farisaica, consistentes quase que só de cultos e práticas exteriores, que vacilava a respeito da outra vida, duvidava que o homem, depois de morto o corpo, pudesse continuar a viver, e que houvesse, de fato, uma vida real além do túmulo.

Possivelmente, devido a sua alta posição, o sacerdote, já em avançada idade, resolveu visitar o polêmico rabi durante a noite para não ser visto e sofrer acusações de compactuar com heresias [43]. João evangelista continua a narrativa do encontro de Jesus com Nicodemos nos seguintes termos:

> A isto, respondeu Jesus: Em verdade, em verdade te digo que, se alguém não nascer de novo, não pode ver o reino de Deus. Perguntou-lhe Nicodemos: Como pode um homem nascer, sendo velho? Pode, porventura, voltar ao ventre materno e nascer segunda vez? (João, 3: 3, 4).

Jesus, que já conhecia previamente as dúvidas interiores do ancião, logo que Nicodemos terminou de expressar o seu reconhecimento, antecipou-se e esclareceu de maneira sintética e direta: "Na verdade, na verdade te digo que aquele que não nascer de novo, não pode ver o reino de Deus". Em outras palavras, Jesus estava afirmando que o reino de Deus ainda não poderia se materializar na terra, enquanto a humanidade

---

42 SCHUTEL, Cairbar. *Parábolas e ensinos de Jesus*. 20. ed. Matão: O CLARIM. 2000. p. 318.

43 LEMOS, Jefferson Moura de. Estudando a Bíblia à Luz da Doutrina Espírita. Nicodemos e a reencarnação. Disponível em: *https://jeflemos.worpress.com/2014/06/22/nicodemos-e-a-reencarnação/* > Acesso em 22 de ago. 2021.

não se aperfeiçoar moral e intelectualmente pelo cadinho de muitas vidas. Nicodemos, pego de surpresa, imediatamente relacionou a frase de Jesus a uma das muitas crenças que existam no seio das camadas populares. Muitos naquela época acreditavam que o homem poderia renascer muitas vezes, mas, logicamente que nem todos eram concordes sobre esse assunto que era visto pela maioria da elite como uma superstição. Porém, Nicodemos deve ter se perguntado se os rumores dessa doutrina não seriam verdadeiros, no entanto, como esse fenômeno poderia acontecer? Confuso, ele prontamente pergunta: "Como pode um homem nascer, sendo velho? Pode, porventura, tornar a entrar no ventre de sua mãe, e nascer?" [44] (João, 3:4).

O espírito Humberto de Campos, no livro *Boa Nova*, assim relata o acolhimento a Nicodemos, por parte de Jesus, e o diálogo que se seguiu imediatamente:

> O Mestre sorriu bondosamente e esclareceu:
>
> — Primeiro que tudo, Nicodemos, não basta que tenhas vivido a interpretar a lei. Antes de raciocinar sobre as suas disposições, deverias ter-lhe sentido os textos. Mas, em verdade devo dizer-te que ninguém conhecerá o Reino do Céu, sem nascer de novo.
>
> — Como pode um homem nascer de novo, sendo velho? - interrogou o fariseu, altamente surpreendido. - Poderá, porventura, regressar ao ventre de sua mãe? O Messias fixou nele os olhos calmos, consciente da gravidade do assunto em foco, e acrescentou:
>
> — Em verdade, reafirmo-te ser indispensável que o homem nasça e renasça, para conhecer plenamente a luz do reino!...
>
> — Entretanto, como pode isso ser? – perguntou Nicodemos, perturbado [...]

Entendemos o "reino do céu", o "reino de Deus", não como um local circunscrito na Terra (plano físico) ou no plano espiritual (céu), dotado dum perene estado de paz e alegria, mas como "estado interior de plenitude espiritual" que cada

44 LEMOS, Jefferson Moura de. Estudando a Bíblia à Luz da Doutrina Espírita. Nicodemos e a reencarnação. Disponível em: *https://jeflemos.worpress.com/2014/06/22/nicodemos-e-a-reencarnação/* > Acesso em 22 de ago. 2021.

criatura deverá alcançar quando definitivamente liberta-se dos carmas e da *roda das reencarnações*, expandir sua consciência angélica em amor e sabedoria cosmicamente, a ponto de tornar-se doador da Luz Cósmica proveniente de Deus, reduzindo-a e adaptando-a as consciências menos capacitadas. Ao atingir tal estado evolutivo o "reino de Deus" estará definitivamente dentro de nós, tal como afirmou Jesus: *O reino de Deus* não vem com aparência exterior; nem dirão: Ei-lo aqui! ou Ei-lo ali! pois "o reino de Deus está dentro de vós." (Lucas 17: 20, 21).

É evidente que esta condição evolutiva só se alcança depois de "nascer de novo" muitas vezes, em muitos e muitos corpos, neste e em outros planetas, por meio da bênção da reencarnação. Afirma Lemos [45]:

> É somente através do renascimento na carne, que o espírito, por meio do acúmulo de diversas experiências, que somente o ambiente material pode proporcionar, vai aos poucos abandonando o homem velho (as imperfeições de vidas pretéritas) e adquirindo novas diretrizes intelecto-morais, se renovando interiormente na sua jornada rumo à concretização do reino de Deus em si mesmo, isto é, à perfeição.

É isto, exatamente, o que nos informa Ramatís, pela psicografia de Hercílio Maes, no livro *O Evangelho à Luz do Cosmo.* [46]

> [...] Em face da impossibilidade de o espírito primário do homem lograr a sua gloriosa angelitude numa só existência humana, e não podendo de imediato aperceber-se do "reino de Deus", ele, então, precisa de muitas vidas físicas ou encarnações em vários planetas das mais diferentes graduações. Lenta, sensata e conscientemente, o espírito, então, se gradua para a integração angélica, através das sucessivas existências físicas de aprendizado e educação espiritual. Eis por

45 LEMOS, Jeferson Moura de. Estudando a Bíblia à Luz da Doutrina Espírita. Nicodemos e a reencarnação. Disponível em: Disponível em: *https://jeflemos.worpress.com/2014/06/22/nicodemos-e-a-reencarnação/>Acesso* em 22 de ago. 2021.

46 MAES, Hercílio/Ramatís (espírito). *O Evangelho à Luz do Cosmo*. 1. ed. Limeira: **EDITORA DO CONHECIMENTO**, 1974, p. 178.

> que Jesus enunciou, categoricamente, que "ninguém poderá ver o reino de Deus, se não nascer de novo", pois é de Lei que tanto quanto o espírito submete-se às lições educativas das formas físicas ele também afina e sublima o próprio perispírito. [...].

Diante do espanto e da perplexidade de Nicodemos ante a taxativa afirmação de Jesus de que é preciso "nascer de novo para ver o reino de Deus", cabe-nos indagar: A reencarnação não era crença conhecida pelo menos por parte dos doutores da lei à época de Jesus? Kardec no livro *O Evangelho Segundo o Espiritismo* [47] nos responde:

> A reencarnação fazia parte dos dogmas dos judeus, sob o nome de *ressurreição* [...]. As ideias dos judeus sobre esse ponto, como sobre muitos outros, não eram claramente definidas, porque apenas tinham vagas e incompletas noções acerca da alma e da sua ligação com o corpo. Criam eles que um homem que vivera podia reviver, sem saberem precisamente de que maneira o fato poderia dar-se. Designavam pelo termo *ressurreição* o que o Espiritismo, mais judiciosamente, chama *reencarnação* [...].

Ramatís, no livro *O Evangelho à Luz do Cosmo* [48], corrobora Kardec e acrescenta novas informações sobre as diferenças entre o dogma da ressurreição cultuado pelos judeus, e atualmente pelos católicos, e a ressurreição admitida e endossada pelas doutrinas reencarnacionistas:

> [...] os judeus, através de seus dogmas seculares, consideravam a ressurreição o fato de a alma retomar ao mundo físico, mas podendo recompor o seu antigo corpo carnal, embora usado e desintegrado pela fauna e flora das sepulturas. Mas esse dogma, na época, não era muito bem esclarecido ou entendido pelos próprios judeus, pois eles não sabiam defini-lo com a precisão lógica de um acontecimento comum ou racional. Tudo era vago e sujeito a muitas interpretações, uma vez que o baseavam em noções incompletas e incer-

---

47 KARDEC, Allan. *O Evangelho Segundo o Espiritismo* 131. ed. (Edição histórica). Brasília: FEB. 2004. p. 68

48 MAES, Hercílio/Ramatís (espírito). *O Evangelho à luz do Cosmo*. 1. ed. Limeira: **EDITORA DO CONHECIMENTO**, 1974, p. 179.

> tas. Os judeus não tinham conhecimento claro e exato de como a alma se ligava ao corpo físico, tal qual hoje ainda acontece com os católicos [...]. Não conseguiam precisar nem conciliar bem, quanto ao fato ou à possibilidade de a alma já ter vivido noutros corpos em vidas anteriores. No entanto, aceitavam, submissos, a ideia de que a alma poderia ressuscitar no dia do Juízo Final e recompor o seu velho corpo, já "falecido" e desintegrado no túmulo [...] Algumas vezes, eles desconfiavam que seria bem mais fácil a alma reencarnar-se em novos corpos físicos, frutos de novas procriações geradas no ventre feminino. No entanto, comumente misturavam essa concepção mais lógica de um renascimento carnal, com a mesma possibilidade insensata de a alma ressuscitar no túmulo e ser capaz de recompor o seu organismo desaparecido nas entranhas do solo. Em consequência, a ressurreição divulgada pela Igreja Católica em nada se assemelha à ressurreição admitida e endossada pelas doutrinas reencarnacionistas [...]

Retornando à narrativa do apóstolo João sobre o diálogo mantido entre Jesus e Nicodemos, lemos dos versículos cinco ao sete:

> [...] Respondeu Jesus: Em verdade, em verdade te digo: quem não nascer da água e do Espírito não pode entrar no reino de Deus. O que é nascido da carne é carne; e o que é nascido do Espírito é espírito. Não te admires de eu te dizer: importa-vos nascer de novo [...]. (João, 3: 5-7).

Os representantes das religiões cristãs tradicionais, com a finalidade de contestar a interpretação reencarnacionista, interpretam tais palavras de Jesus como referência ao "batismo pela água". Jefferson Moura de Lemos, em seu blog espírita [49] contrapõe-se a essa ideia, apresentando, para tanto, os seguintes fatos:

a) Nicodemos era um doutor da Lei e como tal, era profundo conhecedor dos ritos judaicos;

---

49 LEMOS, Jefferson Moura de. Estudando a Bíblia à Luz da Doutrina Espírita. Nicodemos e a reencarnação. Disponível em: *https://jeflemos.wordpress.com/2014/06/22/nicodemos-e-a-reencarnaçao/* >Acesso em 22 de ago. 2021.

b) A purificação através de lavatórios era prática ritual corriqueira no Judaísmo, feita por meio de aspersões e também imersões em rios ou em tanques específicos; além disso, João Batista era, naquele momento, bastante conhecido e temido pelo sacerdócio, por realizar o lavatório judaico indiscriminadamente, desafiando o legalismo estabelecido pelo Sinédrio;

c) Quanto aos que argumentam que a expressão grega *anóthem* deve ser traduzida como "do alto" e não "de novo", já que ela tem estes dois significados, devemos considerar os seguintes pontos: 1 – Nicodemos compreendeu *anóthem* na primeira fala de Jesus como "de novo", daí se reportar a ideia de renascimento corporal; 2 – No segundo momento, quando Jesus fala os vocábulos "água e Espírito", e novamente reconduz a conversa para *anóthem*, não houve em ocasião alguma qualquer menção a palavra batismo ou ao ato ritual de batizar nas águas. Nicodemos não teria nenhuma dificuldade em discernir acerca do batismo, prática que conhecia muito bem [...].

Caso Jesus não estivesse falando *do nascer de novo* através de uma nova gestação no ventre de uma mulher, e sim do batismo nas águas, certamente teria corrigido Nicodemos quando este fala em "voltar ao ventre materno", o que o Mestre não fez.

Kardec em *O Evangelho Segundo o Espiritismo* [50] menciona que os antigos consideravam a água como elemento gerador absoluto e, segundo essa crença, a água havia se tornado símbolo da natureza material, como o Espírito o era da natureza inteligente. Ramatís, à página 179 do livro *O Evangelho à Luz do Cosmo*, referenda as colocações de Kardec quando afirma:

> [...] Assim, sob a vestimenta do conceito do *se um homem não renasce da água e do Espírito*, Jesus tencionava distinguir o valor fundamental da água, símbolo criador da vida física, e considerada em sua época um dos quatro principais elementos da formação do mundo. Aliás, o próprio *Gênese* enuncia que o "Espírito de Deus era levado e flutuava sobre as águas", ainda des-

50 KARDEC, Allan. *O Evangelho Segundo o Espiritismo*. 131. ed. (Edição histórica). Brasília: FEB, 2004, p. 69.

tacando a água como o principal fundamento criador da natureza material. Sob qualquer hipótese, Jesus referia-se especificamente à reencarnação [...] e não ao batismo, cerimônia ou rito de se consagrar pessoas num momento religioso. Se um homem não renasce da água, é evidente que ele não teria corpo físico, uma vez que a própria água integra o organismo humano em mais de 70 por cento. Mas se ele não renascesse do espírito, indubitavelmente, também seria um corpo sem alma. Sem dúvida, quem renasce da água tem corpo e quem renasce do Espírito é o dono exclusivo desse corpo. Nessa elucidação, Jesus queria distinguir a noção reencarnatória de uma nova vida, em que alguém já existe anteriormente em espírito, e apenas mobiliza nova matéria ou substância para modelar um novo corpo físico.

A água também era na língua hebraica sinônimo de matéria, de corpo físico, de vida material. Diz Lemos [51] que no texto original em grego está escrito mais precisamente "nascer de água e espírito" não nascer "da água e do Espírito", ou seja, é o nascer envolvido em líquido amniótico que é constituído de apenas água, proveniente da própria mãe. O espírito renasce em um novo corpo biológico que se desenvolve em ambiente aquático. Acrescenta que não era difícil aos antigos relacionarem o meio aquoso ao corpo material, visto que, quando a bolsa amniótica se rompe por ocasião no nascimento, todo o líquido é expulso. Então, nascer da água (corpo) e do espírito é reencarnar. O que Jesus queria dizer a Nicodemos era: Não é o mesmo corpo que retorna ao ventre materno, mas, é o espírito que necessita renascer com outro corpo para poder herdar o "reino de Deus".

Ao dizer: "O que é nascido da carne é carne; e o que é nascido do Espírito é espírito", Jesus estabelece a diferença entre os princípios material e espiritual. A carne dos nossos pais, isto é, suas células reprodutivas, fundem-se e originam um novo corpo de carne que herdará, geneticamente, suas características. Já o espírito que animará esse corpo é pree-

51 LEMOS, Jefferson Moura de. Estudando a Bíblia à Luz da Doutrina Espírita. Nicodemos e a reencarnação. Disponível em: *https://jeflemos.wordpress.com/2014/06/22/nicodemos-e-a-reencarnaçao/*> Acesso em 22 de ago. 2021.

xistente e sobrevivente a ele, é alguém possuidor de milenar acervo de experiências, aprendizado, conquistas e realizações que definem sua individualidade. Espírito criado por Deus, que é Espírito. Deus é espírito; e importa que seus adoradores o adorem em espírito e verdade (João, 4: 24).

Finalizando a entrevista com Nicodemos Jesus lhe diz:

> O vento assopra onde quer, ouves a sua voz, mas não sabes donde vem, nem para onde vai; assim é todo o que é nascido do Espírito. Então, lhe perguntou Nicodemos: Como pode suceder isso? Acudiu Jesus: Tu és mestre em Israel e não compreendes essas coisas? Em verdade, em verdade te digo que nós dizemos o que sabemos, e testificamos o que temos visto, contudo não aceitais o nosso testemunho. Se tratando de coisas terrestres, não me crestes, como crereis, se vos falar das celestiais? (*João 3:8-12*).

Na interpretação das palavras de Jesus: "O vento assopra onde quer, ouves a sua voz, mas não sabes donde vem, nem para onde vai; assim é todo o que é nascido do Espírito", temos que lembrar que a mesma palavra que é traduzida como "espírito" aqui aparece traduzida como "vento", assim, nós podemos dizer: "O espírito assopra onde quer [...]". Kardec, em *O Evangelho Segundo o Espiritismo*, comentando essas palavras de Jesus, afirma que se pode entender pela palavra "espírito" tanto o Espírito de Deus como a alma da pessoa, e que nesta última acepção, as palavras "não sabe donde vem, nem para onde vai", significam que não se conhece o que foi o espírito, nem o que ele será, e que, se o espírito ou alma fosse criado ao mesmo tempo em que o corpo, saberíamos de onde vem, pois conheceríamos o seu começo. [52].

Ramatís à página 181 do livro *O Evangelho à Luz do Cosmo*, tece os seguintes comentários sobre essas palavras de Jesus:

> O Mestre Jesus comunica nessa conceituação evangélica quanto ao poder ilimitado do Espírito que, ao adquirir e ampliar a consciência de si mesmo, também passa a dispor dos seus poderes divinos incomuns.

52 KARDEC, Allan. *O Evangelho Segundo o Espiritismo*. 131 ed. (Edição histórica). Brasília: FEB. 2013, p. 70.

> [...]; E o Mestre, ao enunciar que "ouves a sua voz e não sabes donde vem ela", referia-se particularmente à tradicional busca de Deus, que o homem efetua em sua jornada consciencial eterna. As criaturas sentem, apercebem-se ou pressentem que há um poder absoluto e eterno além do homem, cuja "Voz" podemos ouvir através da faculdade sublime do nosso espírito: a intuição. Mas dificilmente sabemos "donde ela vem", porquanto ninguém jamais pôde identificar ou descrever a natureza exata de Deus e, assim, saber "donde vem essa voz e para onde ela vai [...]."

Nicodemos, mesmo sendo doutor da lei e um intelectual de Jerusalém, não conseguiu apreender o novo ensinamento que Jesus lhe transmitia. O espírito Humberto de Campos, pela psicografia de Chico Xavier narra, no livro *Boa Nova,* na página 318, o encerramento do diálogo entre Jesus e Nicodemos:

> — Entretanto, como pode isso ser? — perguntou Nicodemos, perturbado.
>
> — És mestre em Israel e ignoras estas coisas? Inquiriu Jesus, como que surpreendido. – É natural que cada um somente testifique daquilo que saiba; porém, precisamos considerar que tu ensinas. Apesar disso, não aceitas os nossos testemunhos. Se falando eu de coisas terrenas sentes dificuldades em compreendê-las com os teus raciocínios sobre a lei, como poderás aceitar as minhas afirmativas quando eu disser das coisas celestiais? Seria loucura destinar os alimentos apropriados a um velho para o organismo frágil de uma criança. Extremamente confundido, retirou-se o fariseu, ficando André e Tiago empenhados em obter do Messias o necessário esclarecimento, acerca daquela lição nova.

Os apóstolos ficaram surpresos e também perplexos tal como Nicodemos com a revelação de Jesus, e sem conseguirem penetrar o sentido oculto de suas palavras, narra Humberto de Campos que Jesus a eles se dirigiu bondosamente e lhes disse:

> — Por que tamanha admiração, em face destas verdades? [...] As árvores não renascem depois de podadas? Com respeito aos homens, o processo é diferente, mas

> o espírito de renovação é sempre o mesmo. O corpo é uma veste. O homem é seu dono. Toda roupagem material acaba rota, porém, o homem, que é filho de Deus, encontra sempre em seu amor os elementos necessários à mudança do vestuário. A morte do corpo é essa mudança indispensável, porque a alma caminhará sempre, através de outras experiências, até que consiga a imprescindível provisão de luz para a estrada definitiva no Reino de Deus, com toda a perfeição conquistada ao longo dos rudes caminhos.

O diálogo de Jesus com Nicodemos, narrado pelo evangelista João, no terceiro capítulo do seu Evangelho, consagra de forma definitiva, "aos que tem olhos de ver", a lei da reencarnação no Evangelho do reino.

Jesus, na realidade, não estava ensinando nenhuma novidade a Nicodemos uma vez que a doutrina da reencarnação, ainda que com outro nome, e a da lei do *carma*, sempre constituíram a base das crenças na maioria dos povos, e sempre foram ensinadas pelos ocultistas, tanto no Oriente como no Ocidente. Cabe aqui esclarecer que a palavra *palingenesia* (do grego, *palin* = de novo e *genesis* = nascer, daí = nascer de novo), sinônimo de reencarnação, que aparece na Bíblia (Tito, 3: 5 e Mateus, 19: 28) foi erradamente traduzida por "regeneração", às vezes "ressurreição" e "geração", pelos tradutores da Bíblia contrários à reencarnação[53]. A palavra reencarnação não existe na Bíblia, pois foi criada entre os séculos XVI e XVII, no latim tardio, como termo erudito e acadêmico, *reincarnatio*, *reincarnationis.* [54]

No Antigo Egito a reencarnação era ensinada pelos sacerdotes no Templo de Osiris, em Abydos [55]. Na Grécia Antiga foi introduzida por Pitágoras (572 a.C. a 492 a.C.), o grande matemático, uma das reencarnações do espírito Ramatís, que

53 CHAVES, José Reis. **Palingenesia, um elo de união das religiões**. Portal do Espírito. Disponível em: *https://espirito.oorg.br/artigo/palingenesia/um-elo-de-uniao-religioes/* Acesso em 22 de ago. de 2021.

54 OLIVEIRA FILHO, Astolfo de. **O Espiritismo Responde**. O consolador. Disponível em: *www.oconsolador.com.br/ano9/425/oepiritismoresponde.html*> Acesso em 22 de ago. de 2021.

55 Fonte: Associação Gnóstica de Estudos Antropológicos e Culturais, Arte e Ciência. **Os Mistérios do Antigo Egito.** Disponível em: *https://ageacac.org.br/2020/07/10/os-misterios-do-antigo-egito/*> Acesso em 22 de ago. 2021.

afirmava ter sido, em encarnação passada, Euforbos, filho de Pantos [56];

Ainda na Grécia, Sócrates (470 – 399 a.C.) e Platão (428 a 347 a.C.), o seu mais famoso discípulo, eram reencarnacionistas. Afirmava Sócrates:

> As almas, após uma passagem pelo Hades, reino dos mortos, eram novamente levadas ao universo dos seres vivos, no qual experimentavam inúmeras existências, por um tempo mais ou menos longo [57], enquanto Platão ensinava que: É certo que os vivos nascem dos mortos; que as almas dos mortos renascem ainda. (Phedon) [58].

Na Índia a reencarnação é conhecida desde tempos imemoriais. No livro *Bagavad Gitã,* que faz parte dos *Vedas,* datado do século IV a.C. lê-se: "Assim como alguém veste roupas novas, abandonando as antigas, a alma aceita novos corpos materiais, abandonando os velhos e inúteis". [59]

O poeta romano Virgílio que viveu de 70 a.C a 19 a.C, autor da epopeia romana *Eneida,* expressa claramente a sua convicção na reencarnação, conhecida, então, como *palingenesia*, quando diz:

> Todas as almas, ainda que por milhares de anos tenham retornado à roda desta existência (dos Campos Elísios ou do Tártaro), Deus as chama em numerosos enxames ao rio Léthé, a fim de que, privadas de recordações, revejam os lugares superiores e convexos e comecem a querer voltar ao corpo [60].

Após a desencarnação do Messias a ideia reencarnacionista continuou a ser divulgada, encontrando sempre fervo-

56 Fonte: Instituto de Pesquisas Projeciológicas e Bioenergéticas. **A Reencarnação e suas fontes históricas**. Disponível em: *https://www.ippb.org.br/texos/especiais/editora-vivencia/a-reencarnaçao-e-suas-fontes-historicas* > Acesso em 22 de ago. de 2021.

57 SANTANA, Ana Lúcia. **Reencarnação em Platão**. Filosofia-Prof. João Pereira de Souza. Disponível em: *https://sites.google.com..qsite/filosofiapereira/platao/reencarnaçao-em-platao* > Acesso em 22 de ago. de 2021.

58 Phedon: Diálogo escrito por Platão possivelmente por volta de 370 a.C.

59 Fonte: Disponível em: *https://vedabase.io/pt-br/library/bg./2/22/* > Acesso em 22 de ago. 2021.

60 Fonte: Dinâmica Espírita. A reencarnação na história. Disponível em: *https://dinamkca-espírita.webnode.com/espiritismo-explica/a-rencarna%C3%A7%-C3%A3o-na-história/* > Acesso em 29 de nov. 2021.

rosos defensores, inclusive no seio da própria Igreja Católica que viria, posteriormente, (no Segundo Concílio Ecumênico de Constantinopla, em 553 d. C., gra**ças à artimanha da imperatriz T**eodora junto ao imperador bizantino Justiniano) declar**á-la** herética, não com base em conclusões teológicas, mas devido **à** ferrenha oposição pessoal do imperador Justiniano à sua ideia, passando a ser ensinada veladamente na Idade Média, por ter sido severamente proscrita pela Igreja.

O filósofo grego Plotino (205 a 270 d.C.), em sua coleção de escritos conhecida como *Enéadas*, editada e compilada por seu discípulo Porfírio, em 270 d.C., no Livro IX, 2ª Enéada, assim escreveu: "A providência dos deuses assegura a cada um de nós a sorte que lhe convém, e que é harmônica com seus antecedentes, conforme suas vidas sucessivas", demonstrando que era adepto da idéia reencarnacionista [61].

Também no *Zohar,* livro escrito no século II por Rabi Shimon bem Yochai, a reencarnação está referendada. Nele lemos:

> As almas devem reentrar na substância absoluta da qual emergiram. Para chegar a essa finalidade, entretanto, devem desenvolver todas as perfeições, cujo germe foi plantado nelas. Se não cumpriram essa condição durante uma vida, devem começar outra, e uma terceira, e assim por diante, até que adquiram a condição que as torne preparadas para sua reunião com Deus[62].

No seio da Igreja, sem dúvida um dos mais árduos defensores da "*palingenesia*" (reencarnação) foi Orígenes de Alexandria (185 a 235 d.C.), considerado a figura mais ilustre, intelectual e erudita do terceiro século, o maior teólogo da antiga escola de Alexandria e, segundo o teólogo especialista em patrística [63], Johannes Quasten, "o maior erudito da Igreja antiga". Durante sua formação tomou conhecimento

61 Fonte: Revista Histórica sobre a Teoria das Vidas Sucessivas. Disponível em: *http://acasadoespiritismo.com.br/Reencarnacao/reencarnacaog/revista%-C3%A7%C3o-na-historia/* > Acesso em 29 de nov. 2021.

62 Fonte: Disponível em: *https://aquarius2036.com.br/2009/04/judaismo-e--reencarnacao-cabala-e-zoar.htm* >Acesso em 23 de ago. 2021.

63 É a filosofia cristã nos três primeiros séculos, elaborada pelos primeiros Pais Apostólicos da Igreja ou Santos Padres; consiste na elaboração doutrinal das verdades de fé do cristianismo e, na sua defesa contra os ataques dos pagãos e dos hereges.

da doutrina da reencarnação ensinada por Sócrates e Platão, passando, posteriormente a divulgá-la abertamente, sendo este um dos motivos pelos quais foi perseguido pela vertente católico romana, razão pela qual hoje se têm pouco de seus escritos, e mesmo assim, devidamente "maquilados" [64].

Orígenes ensinava a "preexistência da alma", a reencarnação e a lei do carma, como se pode constatar dessas suas palavras:

> Toda alma vem para este mundo fortalecida pelas vitórias ou enfraquecida pelas derrotas da sua vida anterior. Seu lugar neste mundo é determinado pelos seus méritos ou_deméritos anteriores. Seu trabalho neste mundo determina o seu lugar no mundo que se seguirá após este.(Di Principiis e Contra Celsum) [65].

Mais recentemente a reencarnação vem sendo estudada à luz da ciência; vários trabalhos de pesquisa neste sentido vem sendo desenvolvidos em todo mundo e sempre apresentando resultados que sugerem reencarnação. No Brasil destacam-se os estudos do Dr. Hernani Guimarães Andrade (1913 – 2003), cujas pesquisas científicas resultaram na publicação dos livros *Reencarnação no Brasil* [66] e *Você e a Reencarnação* [67] em que o cientista espírita estudou e demonstrou casos plausíveis de reencarnação. Nos Estados Unidos, na Universidade de Virgínia, um grupo de pesquisadores vem estudando há décadas os casos de pessoas que dizem recordar suas vidas pregressas, tendo encontrado alguns registros bastante impressionantes.

A técnica conhecida como "Terapia Regressiva de Vivências Passadas" (TRVP) que vem conquistando cada vez mais

---

64 GUIMARÃES, Carlos Antonio Fragoso. A reencarnação nos Primeiros Séculos do Cristianismo: Orígenes de Alexandria. Disponível em: *http://www.espiritualidades.com.br/Artigos/G_autores/GUIMARAES_Carlos_tit_Reencarnacao_nos_primeiros_seculos_do_Cristianismo_-_Origenes_de_Alexandria.pdf* > Acesso em 29 de nov. 2021.

65 Fonte: Reencarnação: Aspectos científicos e históricos: Disponível em: *https://espiritismoemcristo.blogspot.com/2014/06/reencarnacao-aspectos-historicos-e.html* > Acesso em 29 de nov. 2021.

66 ANDRADE, Hernani Guimarães. *Reencarnação no Brasil.* 3. ed. Matão: O CLARIM, 2016, 432p.

67 ANDRADE, Hernani Guimarães. *Você e a Reencarnação*. 1. ed. Bauru: EDITORA CEAC, 2002, 238p.

adeptos por todo mundo constitui-se, sem dúvida alguma, numa das mais evidentes provas a favor da imortalidade da alma e da reencarnação. São muitos os pesquisadores, das mais variadas áreas de formação (médicos, psicólogos, psiquiatras e terapeutas holísticos) que vêm se dedicando com afinco ao estudo e ao emprego desta técnica que busca a liberação de traumas passados, transformando-os em experiência e aprendizado de vida. Por meio da hipnose o paciente, durante o transe, entra em contacto com sua memória inconsciente onde se encontram gravadas todas as suas experiências enquanto espírito imortal, vivenciando situações de outras encarnações, em épocas e locais ignorados da vida atual, revivendo fatos que são os responsáveis pelas atuais fobias que comprometem a sua qualidade de vida.

A perspectiva de que a reencarnação venha a tornar-se aceita pela comunidade científica, e pela população de modo geral, é crescente, à medida que novos casos de evidência, cientificamente comprovados, forem se multiplicando pelo mundo todo. Na "Nova Era", cujo limiar já estamos vivendo, a reencarnação será vista como uma lei natural a que todos os seres vivos estão sujeitos na sua caminhada evolutiva e as religiões que persistirem em negá-la terão que fechar as portas de seus templos, pois esses ficarão vazios de adeptos.

A Mulher de Samaria...

João inicia o quarto capítulo do seu evangelho dizendo:

> Quando, pois, o Senhor veio a saber que os fariseus tinham ouvido dizer que ele, Jesus, fazia e batizava mais discípulos que João (se bem que Jesus mesmo não batizava, e sim os seus discípulos) (João, 4: 1-2).

Iremos nos deter, por ora, na análise desses versículos, por João neles ressalvar que "Jesus não batizava nas águas", e sim os seus discípulos. Tais palavras subtraem das teologias a possibilidade de proclamarem que Jesus praticava o batismo pela água. Aliás, o próprio João Batista testemunhou, no ato do batismo de Jesus, que o Mestre não iria batizar pela água como ele vinha fazendo, e sim pelo "espírito santo", conforme lemos em João, 1: 33: "Eu não o conhecia; aquele, porém, que me enviou a batizar com água me disse: Aquele sobre quem vires descer e pousar o Espírito, esse é o que batiza com o Espírito Santo".

Em outras passagens do Evangelho de João, João Batista reforça a ideia de que até o advento do Messias ele vinha batizando com água, mas que o Messias iria batizar de outra maneira, como se deduz em João (1: 26, 27): "Respondeu-lhes João: Eu batizo com água; mas no meio de vós, está quem vós não conheceis, o qual vem após mim, do qual não sou digno de desatar-lhe as correias das sandálias; e, em João (1: 31): "Eu mesmo não o conhecia, mas, a fim de que ele fosse manifestado a Israel, vim, por isso, batizando com água".

Em citações nos outros Evangelhos, o batismo a ser praticado por Jesus é caracterizado como "batismo pelo espírito e pelo fogo", como nesta passagem do Evangelho de Lucas em que João Batista afirma aos sacerdotes e levitas de Jerusalém:

> Eu, na verdade, batizo-vos com água, mas eis que vem aquele que é mais poderoso do que eu, e de quem não sou digno de desatar as correias de suas sandálias; ele vos batizará com o Espírito e com fogo. (Lucas, 3: 16).

Mas, o que significa o batismo pelo fogo? O articulista Paulo Alves Godoy [68] vem ao nosso encontro e tira a nossa dúvida quando diz:

> É evidente que não se trata de um ritual de natureza material, pois o Mestre asseverou que tinha que se submeter a esse batismo, e isso representava a glorificação e a consolidação da Doutrina que viera revelar à Humanidade. O batismo do fogo foi, no caso de Jesus, a sua crucificação, após ter tragado o cálice de amargura; no caso dos seres humanos, em geral, o batismo de fogo é representado pelas provações e expiações que ocorrem no decurso da vida terrena, e às quais todos são submetidos, tendo que suportá-las com resignação, pois, do triunfo sobre essas provas, resulta a elevação do espírito na imensa escala que faz com que, no decorrer dos séculos e dos milênios, se aproxime mais do seu Criador.

Referindo-se à prática do batismo como condição essencial para se ganhar o "reino de Deus", como afirmam as religiões tradicionais, Jefferson Lemos [69] coloca que o simples batismo na água não pode, evidentemente, assegurar o livre acesso da criatura até esse reino, que a priori deverá ser construído dentro de nós mesmos, quando se sabe que dificilmente o "batizado" conseguirá ao longo de sua existência manter-se na vivência plena do Evangelho. Por outro lado, argumenta ele, quantos que não passaram pelo batismo demonstram comportamento existencial mais rico em amor e virtudes do que os que foram batizados?

68 GODOY, Paulo Alves. **Jesus nunca batizou.** Disponível em: *http://www.acasadoespiritismo.com.br/JESUS/JESUSCRISTO/jesus%20jamais%20batizou.htm* > Acesso em 24 de ago. 2021

69 LEMOS, Jefferson Moura de. Estudando a Bíblia à Luz da Doutrina Espírita. Nicodemos e a reencarnação. Disponível em: *https://jeflemos.wordpress.com/2014/06/22/nicodemos-e-a-reencarnação/*> Acesso em 22 de ago. de 2021.

Todavia, muitos dirão que se pode argumentar que o batismo da água, no seu significado simbólico, representa o esforço do indivíduo na busca da sua transformação moral. Neste sentido, diz ele, esta é precisamente a prova de que o ato material de batizar em si não transforma, mas sim a atitude interior sincera de renovação, e são poucos os que vivenciam esse renascer interno verdadeiramente e o conservam ao longo do tempo. Ora, se a atitude interna é o essencial, pois somente desse modo se pode ligar a Deus, o rito externo torna-se dispensável, podendo-se optar por ele ou não.Desse modo, Jesus não poderia relacionar um ritual externo e simbólico a um acontecimento de tamanha importância para a alma, como é a entrada no "reino de Deus".

São oportunas as colocações do Professor Severino Celestino da Silva, espírita, estudioso das línguas antigas e profundo analista da Bíblia, quanto ao fato de Jesus não batizar. Afirma ele:

> Batismo significa filiação, aceitação. Aceitação implica em mudança e não é um "ritual" que faz a pessoa mudar. Era Jesus quem sempre recomendava "Vai e não peques mais". Se conseguirmos nossa mudança interior, já estamos "batizados". O espírita não precisa batizar seu filho, mas ensinar-lhe o verdadeiro caminho que ele tem que seguir.[70]

Fica evidente também nesses versículos iniciais do quarto capítulo do Evangelho de João, segundo Wilkon [71], que Jesus passou a ser perseguido pelos fariseus – ou, pelo menos, começou a ser visto com maus olhos pelos fariseus pelo seu sucesso, que já ultrapassava o sucesso de João Batista. Postas estas colocações sobre o batismo e os motivos pelos quais Jesus não batizava, retornemos à narrativa de João, no quarto capítulo de seu Evangelho, sempre analisando-a por partes:

> Deixou a Judeia, retirando-se outra vez para a Galileia.

70 Fonte: Espiritualidade e Sociedade. Entrevista realizada pela USE/Piracicaba em 09/02/2016. Disponível em: *www.espiritualidades.com.br/NOT/Not_2016/2016_02_09_Severino_Celestino_entrevista.htm* > Acesso em 24 de ago. de 2021.

71 WILKON, Morel Felipe. Espírito imortal. Jesus e a mulher samaritana – uma visão espírita. Disponível em: *https://evangelhodofilhodedeuscomunidades.net/a-passagem-de-jesus-por-samaria*> Acesso em 25 de ago. 2021.

> E era-lhe necessário atravessar a província de Samaria. Chegou, pois a uma cidade samaritana chamada Sicar, perto das terras que Jacó dera a seu filho José. Estava ali a fonte de Jacó. Cansado da viagem, assentara-se Jesus junto à fonte por volta da hora sexta. Nisso veio uma mulher samaritana tirar água. Disse-lhe Jesus: Dá-me de beber. Pois seus discípulos tenham ido à cidade para comprar alimentos. Então, lhe disse a mulher samaritana: Como, sendo tu judeu, pedes de beber a mim, que sou mulher samaritana? (porque os judeus não se dão com os samaritanos) (João, 4: 3-9).

Samaria à época de Jesus era uma província localizada entre a Galileia, ao norte, e a Judeia, ao Sul. Região montanhosa, adquiriu esse nome devido à antiga cidade de Samaria, capital do reino norte, localizada em uma colina a oeste de *Siquém*. Era o caminho natural entre essas duas regiões, mas os judeus costumavam evitá-la, mesmo tendo que percorrer um caminho mais longo; contudo, Jesus decidiu atravessá-lo.

Os judeus evitavam usar aquele roteiro devido a uma inimizade que vinha de séculos com os samaritanos. Tudo começou em 722 a.C., quando o rei Sargão II, da Assíria, conquistou Samaria e, para evitar levantes nacionalistas posteriores, desterrou quase toda a população daquela província, levando-a para cativeiro na Média e na Mesopotâmia, de onde eles nunca mais voltaram. Em seguida ele colocou na terra outros cativos de outros países, de modo que, com o passar do tempo, Samaria tornou-se território ocupado por um povo de raça indefinida, formada pelos israelitas remanescentes e pelos estrangeiros que ali foram introduzidos. Era um povo diferente, que os judeus nunca reconheceram como irmãos. Este povo criou um culto próprio, muito influenciado pelas religiões pagãs que os estrangeiros trouxeram consigo (II Reis 17: 24-41). Isto era inaceitável aos judeus, que continuavam observando a Lei de Moisés e os profetas. Os samaritanos foram impedidos de colaborar na reconstrução do Templo destruído por Nabucodonosor e mais tarde foram impedidos de se casar com os judeus, estabelecendo-se entre eles e os judeus uma barreira quase intransponível para qualquer aproximação.[72]

72 Fonte: A passagem de Jesus por Samaria. Disponível em: *https://evangelho-*

Eles aceitavam como Escritura os primeiros cinco livros de Moisés, mas não aceitavam os profetas; também não reconheciam Jerusalém como local sagrado, pois adoravam (na sua adoração mista) no *Monte Gerizim*.

Lembremos que os judeus marcavam as horas do dia (período claro) a partir das seis horas da manhã, que correspondia, então, à hora zero, estendendo-se o dia até por volta das 18 horas, portanto, o episódio narrado por João ocorreu próximo ao meio-dia (hora sexta) e, certamente, o calor deveria ser muito intenso num clima caracteristicamente quente e seco, tanto que Jesus se mostrava cansado, demonstrando, portanto, a sua natureza humana ao lado da divina.

Não era comum às mulheres buscarem água naquele horário exatamente pelo calor decorrente do sol no seu máximo esplendor. O que, então, teria levado aquela mulher a fazê-lo? Tudo leva a crer que ela era evitada pelas demais mulheres, mal vista pela comunidade samaritana pelo tipo de vida, moralmente duvidosa, que levava. Assim ela teria preferido vir num horário em que as demais estivessem ocupadas com os afazeres domésticos e que o clima não fosse convidativo.

Interessantes para o nosso estudo algumas colocações feitas por Wilkon [73], estudioso dos Evangelhos. Diz ele:

> Acreditamos que os Evangelhos tenham sido inspirados por Jesus e pelos espíritos superiores auxiliares de Jesus. Mas não podemos esquecer que os Evangelhos foram escritos por homens, por espíritos encarnados como nós. Numa análise atenta e sem ideias preconcebidas, é possível perceber facilmente o que é ensino de Jesus e o que é opinião de quem escreveu. Acreditamos que o grande valor do Evangelho está nos simbolismos presentes em toda a narrativa. A vinda de Jesus à Terra foi milenarmente planejada, e Jesus aproveitou ocasiões aparentemente comuns para nos deixar ensinamentos eternos aparentemente ocultos por trás do véu das palavras, imagens e figuras de linguagem. Vemos que os discípulos de Jesus tinham ido comprar co-

---

dofilhodedeuscomunidades.net/a-passagem-de-jesus-por-samaria > Acesso em 23 de ago. de 2021.

73 WILKON, Morel Felipe. Espírito Imortal. Jesus e a mulher samaritana – uma visão espírita. Disponível em: *www.espiritoimortal.com.br/jesus-e-a-mulher-samaritana-uma-visão-espírita/* Acesso em 25 de ago. de 2021.

mida. Jesus estava só, não houve testemunhas do seu diálogo com a mulher samaritana. O que nos é relatado, então, é o que Jesus deu a conhecer, mais tarde, para que ficassem registrados os simbolismos. O fato de os discípulos de Jesus comprarem comida de samaritanos já era um absurdo para a época. Comer comida de um samaritano era considerado um sacrilégio pelos judeus. Jesus, ao pedir água e conversar a sós com uma mulher samaritana, então, é o cúmulo. Jesus está desrespeitando várias leis ou tradições de uma vez só: está conversando com uma mulher, que era considerada inferior – os homens jamais deveriam conversar com uma mulher na rua; a mulher era estrangeira, e os estrangeiros eram considerados impuros, não se podia ter contato com eles; a samaritana poderia ser considerada mulher de má vida, o que também era proibitivo, e Jesus está a sós com ela e pede água a ela.

Assim o apóstolo João descreve a continuidade do diálogo de Jesus com a mulher samaritana:

> Replicou-lhe Jesus: Se conheceras o Dom de Deus e quem é o que te pede: dá-me de beber, tu lhe pedirias, e ele te daria água viva. Respondeu-lhe ela: Senhor tu não tens com que a tirar, e o poço é fundo; onde, pois, tens a água viva? És tu, porventura, maior do que Jacó, que ele mesmo bebeu, e, bem assim, seus filhos, e seu gado? Afirmou-lhe Jesus: Quem beber desta água tornará a ter sede; aquele, porém, que beber da água que eu lhe der será nele uma fonte a jorrar para a vida eterna. Disse-lhe a mulher: Senhor, dá-me dessa água para que eu não mais tenha sede, nem precise vir aqui buscá-la. Disse-lhe Jesus: Vai, chama teu marido e vem cá; ao que lhe respondeu a mulher: Não tenho marido. Replicou-lhe Jesus: Bem disseste, não tenho marido; porque cinco maridos já tiveste, e este que agora tens não é teu marido; isto disseste com verdade. Senhor, disse-lhe a mulher, vejo que tu és profeta. (João, 4: 10-18).

Comenta Wilkon que se acredita que o poço de Jacó tinha perto de 40 metros de profundidade, e tinha como origem, possivelmente, uma fonte subterrânea, e que, em assim sendo, Jesus se referia a "água viva", isto é, água corrente de uma fonte ou nascente [74]. Ele usa o símbolo da "água viva" para referir-se à mensagem renovadora de que era portador, de forma que aqueles que bebessem dessa água estariam saciados, ajustados à Lei de Deus, e nunca mais voltariam a ter sede de paz e de amor em suas almas.

Por outro lado, Jesus compara a água da fonte de Jacó, como sendo aquela que satisfaz as nossas necessidades materiais que, uma vez satisfeitas, esgotam-se e, novamente, terão que ser satisfeitas, de tal forma que nunca estaremos totalmente felizes ou completamente satisfeitos por muito tempo na Terra, já que o mundo material não o permite. Daí dizer: "quem beber desta água voltará a ter sede" (João, 4:13).

Percebe-se que a mulher não compreende que Jesus lhe fala das coisas espirituais e que, somente quando este lhe revela detalhes de sua vida pessoal, passa a enxergá-lo de maneira diferente, portador de virtudes, denominando-o de profeta. Quantos também não se comportam como a samaritana, procurando saciar a sua sede apenas com a "água do poço de Jacó", aquela que "Jacó bebeu, assim como o seu filho e o seu gado" e desprezando a "água viva" que Jesus nos convida a beber, simbolizada na prática das lições de seu Evangelho que nos conclama ao perdão e ao esquecimento das ofensas; à renúncia a favor do próximo, a oferecermos a outra face, a sermos pacientes e tolerantes, a fazermos, enfim, ao próximo o que gostaríamos que ele nos fizesse. Era esta a água que Jesus propôs dar a beber àquela mulher, que a saciaria para sempre, por lhe proporcionar a paz de consciência numa vivência harmonizada com as Leis de Deus.

Mas, retornemos à narrativa de João a respeito do encontro de Jesus com a samaritana no *poço de Jacó*:

> Nossos pais adoraram neste monte; vós, entretanto, dizeis que em Jerusalém é o lugar onde se deve adorar. Disse-lhe Jesus: Mulher, crê-me que a hora vem, quando nem neste monte, nem em Jerusalém adorareis o Pai. Vós adorais o que não conheceis; nós adoramos o que conhecemos, porque a salvação vem dos judeus.

---

74 WILKON, Morel Felipe. Espírito imortal. Jesus e a mulher samaritana – uma visão espírita. Disponível em: *www.espiritoimortal.com.br/jesus-e-a-mulher-samaritana-uma-visão-espírita/* Acesso em 25 de ago. de 2021.

> Mas vem a hora e já chegou, em que os verdadeiros adoradores adorarão o Pai em espírito e em verdade, porque são estes que o Pai procura para seus adoradores. Deus é espírito; e importa que os adoradores o adorem em espírito e em verdade. Eu sei, respondeu a mulher, que há de vir o Messias. Disse-lhe Jesus: Eu o sou, eu que falo contigo. (João, 4: 20 – 26).

Os samaritanos haviam erigido um templo sobre o monte *Gerizim* em 432 a.C. em competição com o Templo de Jerusalém; este templo foi destruído por João Hircano no ano de 129 a.C [75]. O fato é que até a época de Jesus era nesse monte que os samaritanos faziam a sua adoração (mista entre o Deus *Jeová* e outros deuses pagãos). Os judeus, por sua vez, adoravam o seu Deus único no monte do Templo, em Jerusalém. Daí o dizer da samaritana que seus antepassados haviam adorado naquele monte (monte *Gerizim*) e sua referência à adoração em Jerusalém.

Jesus, todavia, esclarece-a que viria um tempo em que Deus não seria adorado nem em montes e nem em templos, ou seja, em locais circunscritos levantados pelas mãos humanas ou pela própria natureza, porque os homens iriam compreender a verdadeira natureza de Deus cuja essência está presente em todos nós, compreender que a comunhão com Ele deverá ser feita no silêncio de nossas almas pela observância de suas Leis magnânimas que se encontram registradas nas nossas consciências. Adorar a Deus não significa viver em Deus. À medida que formos expandindo os atributos divinos que jazem latentes em nós (amor, sabedoria, poder e vontade criadora) vamos, cada vez mais, nos conectando com a Consciência Divina, processo este que independe de cultos, adorações, rituais ou quaisquer outras manifestações de culto exterior.

Comentando essas palavras de Jesus, mais especificamente as registradas no versículo 22: "Vós adorais o que não conheceis; nós adoramos o que conhecemos, porque a salvação vem dos judeus", afirma Wilkon [76]:

75 Fonte: Disponível em: *https://reavivadosporsuapalavra.org/2021/07/09/joao-4-comentarios-selecionados-3/* .> Acesso em 05 de dez. 2021.

76 WILKON, Morel, Felipe. Espírito imortal. Jesus e a mulher samaritana – uma visão espírita. Disponível em: *www.espiritoimortal.com.br/jesus-e-a-mulher-sa-*

> Podemos admitir que a salvação vem dos judeus pelo fato de serem os judeus o povo que estava mais preparado, pelas características da sua religião, a receber Jesus, que veio nos mostrar o caminho da autossalvação. Os judeus tinham uma característica fundamental que seria necessária para o sucesso do cristianismo, e, consequentemente, para que a mensagem de Jesus chegasse até nós: a tradição de religião escrita. Tudo na vida dos judeus se baseava no que estava escrito. A continuidade desta tradição é que permitiu que os Evangelhos chegassem até nós como um código cifrado. Somente hoje atingimos um grau de entendimento capaz de compreender o Evangelho mais profundamente, além do véu das letras mortas.

Jesus afirma que Deus é espírito, no entanto não podemos concebê-lo com um ser individualizado, portando um corpo espiritual à semelhança de nós outros. Ao perguntar aos espíritos, na primeira questão de *O Livro dos Espíritos* [77]: – Que é Deus? A resposta dada pelos espíritos a Allan Kardec elimina completamente a ideia de personalidade ou individualidade de Deus e anula a ideia do Deus antropomórfico. Ramatís, no livro *O Evangelho à Luz do Cosmo*, psicografado por Hercílio Maes, à página 20, respondendo sobre a possibilidade de vir o homem um dia a identificar Deus com absoluta certeza e autenticidade, assim respondeu:

> Jamais a criatura humana conseguirá definir ou identificar, racionalmente, a Realidade Absoluta do Criador, embora ela seja também uma partícula divina. Caso o homem lograsse tal solução, então, ele também seria outro Deus para ser descoberto, descrito e identificado. Assim como as folhas não podem sentir ou representar o arvoredo, e as gotas de água não conseguem descrever a natureza imensurável do oceano, a parte também não pode definir o Todo, nem o criado o seu Criador. As células do homem jamais poderão explicar os pensamentos, sentimentos e a verdadeira configuração do ser humano. Só um outro Deus, além ou semelhante ao que pretendemos demonstrar, é que poderia prová-lo.

---

maritana-uma-visão-espírita/ Acesso em 25 de ago. de 2021.
77 KARDEC, Allan. *O Livro dos Espíritos* 83. ed. Brasília: FEB. 2002. p. 51.

Ao afirmar que Deus é espírito Jesus pretendia desfazer a ideia do Deus antropomorfo, quase materializado homem, parcial, vingativo e irascível, que os judeus aprenderam a temer e a adorar por meio de sacrifícios, e transmitir-lhes a ideia do "Deus amor", "Deus luz", cuja centelha palpita em cada um de nós, e que, ao invés de ser adorado, deseja apenas que a Sua luz se expanda em nós o que, evidentemente, não depende de cultos de adoração em templos ou montes, mas sim do esforço em vivenciar as Suas Leis e, assim, gradualmente, harmonizar-se à Sua Consciência cósmica.

O espanto demonstrado pelos discípulos ao retornarem e encontrarem Jesus, a sós com uma mulher, e ainda por cima estrangeira, é relatado pelo apóstolo em 4: 27: "Neste ponto chegaram os seus discípulos e se admiraram de que estivesse falando com uma mulher; todavia, nenhum lhe disse: Que perguntas? Ou: Por que falas com ela?" Este fato comprova a consideração e o respeito que Jesus sempre demonstrou pelas mulheres, haja vista a sua consideração por Madalena e o seu comportamento diante da "mulher adúltera" (João, 8:1-11), um Jesus disposto a romper com os preconceitos e discriminações de raças, de castas, de posições etc. tão enfaticamente cultuados pelos judeus.

Nos versículos 29 e 30 relata o evangelista que, após o diálogo com Jesus, a mulher deixa seu cântaro e vai à cidade noticiar o ocorrido com ela (o fato de Jesus ter-lhe revelado seu passado) convidando as pessoas a irem ter com ele, levantando a hipótese de ser ele o Cristo prometido, no que foi atendida, pois saíram da cidade e vieram ter com ele. Os samaritanos que só seguiam o *Pentateuco,* os cincos primeiros livros da Bíblia atribuídos a Moisés, esperavam um segundo Moisés baseado no Deuteronômio: "O Senhor teu Deus te levantará um profeta do meio de ti, de teus irmãos, como eu; a ele ouvireis" (Deuteronômio, 18:15), e Jesus havia declarado à mulher samaritana que ele era o Cristo (Messias). O apóstolo finaliza a narrativa do encontro de Jesus com a mulher samaritana, no poço de Jacó, da seguinte forma:

> Muitos samaritanos daquela cidade creram nele, em virtude do testemunho da mulher, que anunciara: Ele

> me disse tudo quanto tenho feito. Vindo, pois, os samaritanos ter com Jesus, pediram-lhe que permanecesse com eles; e ficou ali dois dias. Muitos creram nele, por causa da sua palavra, e diziam à mulher: Já agora não é pelo que disseste que nós cremos; mas porque nós mesmos temos ouvido e sabemos que este é verdadeiramente o Salvador do mundo (João, 4:39-42).

A samaritana que buscava no poço de Jacó a água (aqui simbolizada como as coisas materiais) que lhe saciasse a sede de realizações no campo afetivo e demais desejos materiais, até então não realizados, haja vista que já havia se casado cinco vezes, recebe de Jesus a promessa da "água viva', da qual ele é fonte inesgotável, e que uma vez provada a saciaria para sempre por fazê-la compreender que não estão nas posses e nas realizações materiais a paz e a felicidade que ela buscava, mas sim numa vivência ajustada às Leis de Deus, voltada para as aspirações superiores do espírito. Percebe, enfim, que aquilo que ela sempre buscara finalmente havia encontrado, e deseja divulgar sua descoberta aos demais, para que eles também usufruam da mesma felicidade. Tal fato está simbolizado na narrativa do apóstolo quando diz: *que a mulher deixou o seu cântaro* (João, 4: 28), isto é, ela deixou o seu fardo de pesares, insatisfações e angústias que procurava em vão solucionar, indo diariamente abastecê-lo no poço de Jacó, diante da "água viva" que Jesus lhe oferecera.

A Cura do paralítico de Betesda...

O quinto capítulo do Evangelho de João se inicia com as seguintes anotações do apóstolo:

> Passadas estas coisas, havia uma festa dos judeus, e Jesus subiu para Jerusalém. Ora existe ali, junto à Porta das Ovelhas, um tanque, chamado em hebraico Betesda, o qual tem cinco pavilhões. Nestes, jazia uma multidão de enfermos, cegos, coxos, paralíticos (esperando que se movesse a água. Porquanto um anjo descia em certo tempo, agitando-a; e o primeiro que entrava no tanque, uma vez agitada a água, sarava de qualquer doença que tivesse) (João, 5: 1-4).

Não se faz referência no texto a qual festa os judeus estavam a comemorar, contudo há evidências de que se tratava da *festa de Pentecostes* que era comemorada 50 dias depois da Páscoa [78]. A Porta das Ovelhas, assim como outras portas, estavam presentes no muro que cercava Jerusalém e, segundo estudiosos, era a porta por onde as ovelhas e os carneiros eram levados para o sacrifício no Templo; ficava no lado norte e dava para os fundos do Templo.

Estudiosos da Bíblia mencionam que o tanque de Betesda era formado por duas piscinas. Eram tanques de imersão, pois naquela época havia rituais de purificação por causa das impurezas, e então se usava os tanques. Tinham que se purificar antes de irem ao Templo de Jerusalém. Era o único tanque que tinha cinco alpendres (portas ou entradas). Os outros tan-

78 WILKON, Morel Felipe. A cura do paralítico de Betesda – espiritismo. Disponível em: *https://www.espiritoimortal.com.br/a-cura-do-paralitico-de-betesda-espiritismo*. Acesso em 3/9/2021.

ques que havia apenas tinham quatro portas e quatro lados, num formato de retângulo. Apenas o tanque de Betesda tinha uma entrada extra.[79]

Todavia, Wilkon [78] comenta que este tanque ou piscina devia ser um santuário de cura pagão, ou seja, não pertencente à religião judaica, mas aos romanos. Se fosse um lugar de banhos públicos jamais aceitariam que doentes se banhassem ali – as leis de pureza da *Torá* não permitiam o contato com os doentes.

Betesda em grego tem o significado de "casa de misericórdia" e, conforme o relato do apóstolo, ali se encontrava uma multidão de pessoas enfermas, que incluía cegos, coxos e paralíticos etc., aguardando o movimento das águas por um anjo que, acreditava-se, descia em determinado tempo, e, então, o primeiro que submergisse ficaria curado de qualquer enfermidade. Como é natural, uma romaria de estropiados procurava na água de Betesda a cura para seus males. Wilkon [80], contudo, afirma que o final do versículo três, a partir de "esperando o movimento da água" e todo o versículo quatro não fazem parte do texto original. Coloca que esta parte foi acrescentada mais tarde como uma tentativa de explicação de como ocorriam as curas. Como se tratava de um santuário pagão, alguém tentou "judaizar" as curas atribuindo-as a um anjo. Nos versículos seguintes prossegue a narrativa de João:

> Estava ali um homem enfermo havia trinta e oito anos. Jesus, vendo-o deitado e que estava assim há muito tempo, perguntou-lhe: Queres ser curado? Respondeu-lhe o enfermo: Senhor, não tenho ninguém que me ponha no tanque, quando a água é agitada; pois, enquanto eu vou, desce outro antes de mim. Então, lhe disse Jesus: Levanta-te, toma o teu leito e anda. Imediatamente, o homem se viu curado e, tomando o leito, pôs-se a andar. E aquele dia era sábado. Por isso disseram os judeus ao que fora curado: Hoje é sábado e não te é lícito carregar o leito. Ao que ele lhes respondeu:

79 Fonte: Respostas bíblicas. Tanque de Betesda: estudo sobre o significado da história. Disponível em: *https://www.respostas.com.br/tanque-de-betesda/* Acesso em 3/9/2021.

80 WILKON, Morel Felipe. A cura do paralítico de Betesda – espiritismo. Disponível em: *https://www.espiritoimortal.com.br/a-cura-do-paralitico-de-betesda-espiritismo/* Acesso em 03 de set. de 2021.

> O mesmo que me curou me disse: Toma o teu leito e anda. Perguntaram-lhe eles: Quem é homem que te disse: Toma o teu leito e anda? Mas o que fora curado não sabia quem era; pois Jesus se havia retirado, por haver muita gente naquele lugar. (João, 5:5-13).

Por que será que aquele homem foi o escolhido por Jesus para receber a cura entre tantos enfermos que ali se apresentavam? Sabe-se que as doenças constituem quase sempre processo doloroso (porém, benéfico ao espírito) de resgate cármico, quando fluidos deletérios acumulados no perispírito, provenientes de nossas atitudes insanas, em desacordo com as leis de Deus, no presente ou mais comumente no passado, são drenados para o corpo num processo que não só promove a "limpeza" de nosso perispírito (corpo astral), como devolve a paz a nossa consciência pela quitação do débito contraído. Sendo assim, Jesus não iria interromper esse processo benéfico ao espírito culpado sem que este tivesse quitado, ou se encontrasse em vias de quitar o seu débito cármico, o que provavelmente não acontecia com os outros enfermos.

Por outro lado, para que a cura ocorresse era necessário que o doente se mostrasse altamente receptivo à sugestão mental imposta pela palavra de Jesus ao lhe ordenar: [...] "Levanta-te, toma o teu leito e anda" (João, 5: 8). Esta receptividade consiste num estado de fé altamente dinamizada, não a fé vacilante, e de absoluta confiança na concretização do ato por parte daquele que a propõe (no caso Jesus, ainda que o enfermo não soubesse quem ele era), estado que, aparentemente, só aquele enfermo apresentava. Corrobora nosso pensamento o fato do homem não ter rogado a cura a Jesus, mas ter sido este quem percebeu que ele, dentre tantos outros enfermos, era o que estava apto para a cura. E, conforme o relato de João, imediatamente, ao influxo da divina palavra, a paralisia desapareceu.

No livro *O Sublime Peregrino* [81], o espírito Ramatis tece as seguintes considerações sobre a maneira como o Mestre procedia diante dos enfermos. Diz ele:

---

81 MAES, Hercílio/Ramatis (espírito) *O Sublime Peregrino*. 18. ed. Limeira: **EDITORA DO CONHECIMENTO**, 2016. pp. 234-237.

> [...] Quando Jesus assinalava a confiança nos olhos súplices dos enfermos, envolvia-os com as ondas do seu mais profundo amor, ativando-lhes a germinação de forças magnéticas através das próprias palavras e gestos com que os atendia e, à semelhança de misterioso turbilhão, fazia eclodir poderosos fluídos no mundo interior dos infelizes enfermos. Sob os gritos de júbilo desatavam-se os músculos rígidos, ou se ativavam nervos flácidos, desentorpeciam-se membros enregelados, enquanto as correntes vitais purificadoras regeneravam todo o sistema orgânico, saturando as cordas vocais nos mudos, sensibilizando sistemas auditivos, desatrofiando tímpanos, curando surdos [...] através do poder assombroso e dinamizador de seu olhar. Um corpo chagado tornava-se limpo em alguns minutos, sob o energismo incomum que o Mestre projetava na alma e no organismo dos enfermos [...].

A cura do enfermo por Jesus, sem que submergisse na água do tanque, tem também a sua significação simbólica quando já se entende que a água representava na antiguidade as coisas materiais. Os que esperavam se curar na água eram os que ambicionam apenas a cura do corpo físico, sem que houvesse qualquer cura dos males que traziam na alma, o que somente poderia ser obtido pela sua autotransformação. Jesus percebe naquele enfermo essa vontade e fala-lhe diretamente ao espírito. Cairbar Schutel, comentando esta passagem do Evangelho de João, ratifica o nosso entendimento. Diz ele:

> Encarando a narração do Evangelho pelo lado moral, perguntamos a nós mesmos: por que só um enfermo mereceu a graça da cura sem a agitação das águas, enquanto os outros permaneceram esperando o momento azado para entrar no tanque? É que, sem dúvida, todos os que ali estavam, como acontece ainda hoje com a maioria dos enfermos que buscam as curas espíritas, buscavam unicamente a cura do corpo, a cura dos males físicos, enquanto que o paralítico provavelmente não só desejava a liberdade do corpo, como também a do Espírito. A "água movida" poderia restabelecer a físico, mas, como matéria que é, não atingia a alma. [82]

82 SCHUTEL, Cairbar. *Parábolas e Ensinos de Jesus*. 20. ed. Matão: O CLARIM, 2004, p.320.

Wilkon [83], interpretando a simbologia contida no texto, argumenta que também nele é possível perceber a alusão à reencarnação. Afirma o estudioso dos Evangelhos:

> Sabemos que a reencarnação é a possibilidade de cura para o espírito. Precisamos reencarnar para purgar certas impurezas e consolidar aprendizados. O tanque, então, simboliza a bolsa amniótica, em que se desenvolve o novo corpo. O homem enfermo espera a ajuda de alguém que o ajude a descer – sabemos que para termos uma reencarnação com as mínimas condições precisamos ter laços de amor, precisamos que alguém nos receba como pai ou mãe, que alguém nos ajude a "descer" as nossas vibrações para voltarmos ao plano físico.

Com base no *Gênesis* (2:1-2): "Assim, pois, foram acabados os céus e a terra e todo o seu exército. E, havendo Deus terminado no dia sétimo a sua obra, que fizera, descansou nesse dia de toda a sua obra que tinha feito", os judeus condenavam o trabalho ao sábado. Algumas coisas podiam, outras não, e carregar o leito estava entre o tipo de trabalho que não podia. Daí o motivo da repreensão dos judeus ao ex-enfermo que, talvez por medo, transferiu toda responsabilidade a Jesus. Os judeus querem então saber quem o autorizou a desobedecer a lei (parecem não estar preocupados com a cura do homem e nem com quem o curou) demonstrando o quanto eram apegados às práticas exteriores, ritos e ao cumprimento da lei, mesmo quando do seu não cumprimento sobreviessem coisas boas.

João conclui a narrativa desse episódio da seguinte forma:

> Mais tarde, Jesus o encontrou no templo e lhe disse: Olha que já estás curado; não peques mais para que não te suceda coisa pior. O homem retirou-se e disse aos judeus que fora Jesus quem o havia curado. Os judeus perseguiam Jesus porque fazia estas coisas ao sábado. Mas ele lhes disse: Meu Pai trabalha até agora, e eu trabalho também. Por isso, pois, os judeus ainda mais procuravam matá-lo, porque não somente

83 WILKON, Morel Felipe. **A cura do paralítico de Betesda – espiritismo.** Disponível em: *https://www.espiritoimortal.com.br/o-paralitico-de-betesda-espiritismo/* Acesso em 03 de set. de 2021.

violava o sábado, mas também dizia que Deus era seu próprio Pai, fazendo-se igual a Deus. (João, 5: 14-18).

A "lei do *carma*" ou "lei de causa e efeito" foi também consagrada por Jesus neste capítulo do Evangelho de João, pois ao exortar o ex-enfermo a não voltar a pecar para que não lhe sucedesse coisa pior, primeiramente, ele está afirmando que a causa da sua doença foram os seus pecados, ou seja, a sua conduta distante das Leis de Deus, em suas vidas passadas; e, segundo que, caso não modifique seus hábitos e atitudes diante da vida e de seus semelhantes, coisas piores poderão lhe acontecer, senão ainda na presente existência, certamente em suas existências futuras. Ou seja, Jesus confirma que "colheremos sempre os frutos de nossa semeadura".

Percebe-se que a maior revolta dos judeus era quanto ao fato de Jesus curar no sábado, permanecendo insensíveis às suas palavras sempre contendo lições de vida eterna, e mesmo aos seus "prodígios" ao curar os enfermos. Ao dizer-lhes: "Meu Pai trabalha até hoje, e eu trabalho também", ele contradiz o texto do *Gênesis* que diz que Deus teria descansado no sétimo dia após a criação do mundo. Isto pelo fato do universo se encontrar em constante expansão, por meio dos "grandes planos" ou "*manvantaras*[84] da escolástica oriental" em que o universo se expande e se retrai, processo criador, conhecido pelos sábios hinduístas como a "respiração de Brama" (Deus). A propósito, a entidade à qual Jesus se refere como Pai é o *Cristo Planetário* da Terra, espírito arcangélico com o qual manteve permanente sintonia durante a sua missão na Terra, atuando como seu mais fidedigno medianeiro.

---

84 Cada "Grande Plano" ou "Manvantara" corresponde ao total de 4.320.000.000 de anos do nosso calendário. Informações sobre este assunto podem ser obtidas na obra *Mensagens do Astral*, ditada pelo espírito Ramatís ao médium Hercílio Maes, **EDITORA DO CONHECIMENTO**, no capítulo "Os Engenheiros Siderais e o Plano da Criação" com explicações detalhadas sobre o *Manvantara* e a contínua expansão do universo.

A multiplicação de pães e peixes...

A multiplicação de pães e peixes, considerado um dos principais "milagres" de Jesus, é narrada nos quatro Evangelhos, sendo que Mateus e Marcos narram duas multiplicações. Certamente é o "milagre" que mais tem intrigado os estudiosos do Evangelho e os tem induzido a tecer variadas explicações para o fenômeno. O episódio foi relatado por João da seguinte maneira:

> Depois destas coisas, atravessou Jesus o mar da Galileia, que é o de Tiberíades. Seguia-o numerosa multidão, porque tinham visto os sinais que ele fazia na cura dos enfermos. Então, subiu Jesus ao monte e assentou-se ali com os seus discípulos. Ora, a Páscoa, festa dos judeus, estava próxima. Então, Jesus, erguendo os olhos e vendo que grande multidão vinha ter com ele, disse a Filipe: Onde compraremos pães para lhes dar a comer? Mas dizia isto para o experimentar; porque ele bem sabia o que estava para fazer. Respondeu-lhe Filipe: Não lhes bastariam duzentos denários de pão, para receber cada um o seu pedaço. Um de seus discípulos, chamado André, irmão de Simão Pedro, informou a Jesus: Está aí um rapaz que tem cinco pães de cevada e dois peixinhos; mas isto que é para tanta gente? Disse Jesus: Fazei o povo assentar-se; pois havia naquele lugar muita relva. Assentaram-se, pois, os homens em número de quase cinco mil. Então, Jesus tomou os pães e, tendo dado graças, distribuiu-os entre eles; e também igualmente os peixes, quanto queriam. E, quando já estavam fartos, disse Jesus aos seus discípulos: Recolhei os pedaços que sobraram, para que nada se perca. [...] (João, 6: 1-12).

Kardec ao se referir ao "milagre", no livro *A Gênese* [85], assim se manifesta:

> A multiplicação dos pães é um dos milagres que mais têm intrigado os comentaristas, ao mesmo tempo em que entreteve a verve dos incrédulos [...] mas a maioria das pessoas sérias viu, nesse relato, embora sob uma forma diferente da forma comum, uma parábola comparando o alimento espiritual da alma ao alimento do corpo. Pode-se aí ver, entretanto, mais de uma figura, e admitir, sob um certo ponto de vista, a realidade de um fato material, sem para isso recorrer ao prodígio [...].

Cabem-nos aqui alguns comentários sobre a narrativa inicial de João. É de se esperar que a maior parte da grande multidão que seguia Jesus, após ter presenciado ou tomado conhecimento das suas curas, assim como acontece nos dias atuais, o seguia procurando nele a solução imediata para os seus problemas e não motivada pelo seu ensino de cunho altamente espiritual, para o qual não se encontrava preparada. Isto posto, é também importante mencionar que não era o objetivo do Mestre fazer curas físicas ou demonstrações do seu extraordinário poder, embora nada impede que ele tenha de fato multiplicado (materialmente falando) os pães e os peixes, já que conhecia e dominava leis por nós desconhecidas.

Esta possibilidade da materialização dos pães e peixes por Jesus fica evidente na resposta dada por um espírito a Allan Kardec, quando este, discorrendo sobre a fenomenologia da mediunidade de transporte, lhe faz a seguinte pergunta: "– Entre os objetos transportados há os que podem ser fabricados pelos espíritos; quer dizer, produzidos espontaneamente pelas modificações que os espíritos podem impor ao fluido ou ao elemento universal?". A resposta do espírito foi: "Não por mim, porque não tenho permissão para isso; **só um Espírito elevado pode fazê-lo**" [86] (grifo nosso).

Ramatís, no livro *O Sublime Peregrino* [87] chamado a opinar sobre o fenômeno em questão, menciona que a tradição

85 KARDEC, Allan. *A Gênese*. 8. ed. Catanduva: BOA NOVA. 2018. Capítulo 15, p. 275.

86 KARDEC, Allan. *O Livro dos Médiuns*. 5. ed. Catanduva: BOA NOVA, 2004, p. 97.

87 MAES, Hercílio/Ramatis (espírito). *O Sublime Peregrino*. 18. ed. Limeira: **EDITORA DO CONHECIMENTO**. 2018. pp. 236-237.

milagreira também diz que Moisés multiplicou alimentos no deserto, fazendo cair o *maná* para alimentar os judeus fugitivos dos egípcios e que Buda fez o mesmo para seus discípulos. Portanto, Jesus, como o salvador dos homens, não poderia deixar de realizar igual milagre. Mas, afirma ele, a verdade é que o Mestre não pretendia multiplicar os bens materiais dos homens, pois, na realidade, o "pão do espírito" era o que mais ele buscava fazer crescer no íntimo das criaturas.

São bastante oportunas para o nosso estudo sobre esta passagem do Evangelho de João as colocações de Wilkon [88] mencionando fatos históricos da época. Diz ele:

> O texto fala em cinco mil homens. Se considerarmos os Evangelhos sinóticos, temos que contar também as mulheres e crianças: mais de dez mil pessoas. Reunir dez mil pessoas naquele tempo não devia ser muito simples.Os povoados tinham cem ou duzentos habitantes. Cafarnaum ou Betsaida tinham entre mil e três mil habitantes. Teriam que esvaziar várias cidades e povoados para juntar tanta gente.Vimos que era perto da Páscoa, época em que muitas caravanas passavam pela estrada que ligava Damasco a Cafarnaum em direção a Jerusalém para as festividades da Páscoa. Isso poderia explicar o grande número de pessoas, um número extraordinário para aquele tempo e lugar.

Dando sequência à sua interessantíssima análise crítica do texto de João, prossegue Wilkson:

> Quando Jesus pergunta quantos pães tinham, o apóstolo André mostrou um menino que tinha cinco pães e dois peixes. Provavelmente foi do menino que partiu a iniciativa de oferecer o seu alimento – André não iria se apropriar da comida do menino.Jesus fala em comprar pão, mas ninguém diz que não havia comida. Alguns não tinham, mas outros certamente tinham. As pessoas que estavam na região se dirigindo a Jerusalém certamente tinham provisões, não iriam viajar sem comida. Não existia o comércio como o conhecemos hoje. Se fosse para comprar comida para toda aquela

88 WILKON, Morel Felipe. A multiplicação de pães existiu ou é um simbolismo. Disponível em: *http://www.espiritoimortal.com.br/a-multiplicacao-de-paes-existiu-ou-e-um-simbolismo/*

gente nem haveria onde comprar.É muito provável que algumas pessoas tivessem comida e outras pessoas não. Não faz sentido achar que naquela multidão só aquele menino tivesse comida – que, aliás, era muita comida para apenas um menino. André se referiu a um menino que se apresentou a ele, mas é impossível que em meio à multidão muitos não tivessem comida.

Como dissemos inicialmente, são variadas as explicações dadas pelas diferentes correntes religiosas ou estudiosos do Evangelho para o episódio narrado. Considerado por algumas teologias cristãs como verdadeiro milagre, para os estudiosos da doutrina espírita pode ser interpretado sob dois enfoques: 1) - como figura alegórica, representativa de alimento espiritual; 2) - como efeito da doação magnética do Cristo, que produziu materialização dos alimentos, necessários a alimentar a multidão faminta, e que neste caso, é importante que o efeito físico conduza o estudioso ao entendimento das implicações espirituais de que o fenômeno se reveste, de que mais importante que o alimento material, deve-se ficar atento à alegoria do "alimento espiritual" simbolizado nos ensinamentos de Jesus [89].

Kardec, no livro *A Gênese,* [90] menciona que uma grande preocupação do espírito, a atenção firme dada a uma coisa, fazem esquecer a fome e que aqueles que seguiam a Jesus eram pessoas ávidas de ouvi-lo, e que nada há, portanto, de espantoso que, fascinados pela sua palavra, e que também sobre a poderosa ação magnética que Jesus exercia sobre eles, não hajam sentido a necessidade material de comer. Rigonatti [91], estudioso do espiritismo, analisando esta mesma passagem contida no Evangelho de Mateus, afirma que há de se distinguir dois aspectos no fenômeno: o material e o espiritual, e que, materialmente falando, o fato pertence ao gênero dos fenômenos de efeitos físicos, enfatizando que já se observou nas sessões espíritas de efeitos físicos a formação

89 Fonte: EADE – Estudo Aprofundado da Doutrina Espírita – Religião à Luz do Espiritismo. TOMO II – Ensinos e parábolas de Jesus – parte II. Módulo IV.A multiplicação dos pães e peixes. Disponível em: *https://bibliadocaminho.com/ocaminho/////tematica/ee/* > Acesso em 07 de set. 2021.
90 KARDEC, Allan. *A Gênese*. 8. ed. Catanduva: BOA NOVA. 2028. Cap. 15. p. 275.
91 RIGONATTI, Eliseu. *O Evangelho dos humildes*. 15. ed. São Paulo: PENSAMENTO, 2003, p. 143.

de objetos pelos espíritos com o auxílio dos médiuns, e que, Jesus, médium de Deus, ajudado pela mediunidade de seus doze discípulos e assistido pelos Espíritos que o secundavam nos trabalhos evangélicos, fez com que se materializassem em suas mãos os bocados de pão para o povo.

O espírito Emmanuel, pela psicografia de Chico Xavier [92], traz também sua contribuição ao presente estudo quando assim diz a respeito do acontecimento:

> Esta passagem do Evangelho de João é das mais significativas. Verifica-se quando a multidão de quase cinco mil pessoas tem necessidade de pão, no isolamento da natureza. Os discípulos estão preocupados. Filipe afirma que duzentos dinheiros não bastarão para atender à dificuldade imprevista. André conduz ao Mestre um jovem que trazia consigo cinco pães de cevada e dois peixes. Todos discutem. Jesus, entretanto, recebe a migalha sem descrer de sua preciosa significação e manda que todos se assentem, pede que haja ordem, que se faça harmonia. E distribuí o recurso com todos, maravilhosamente. A grandeza da lição é profunda. Os homens esfomeados de paz reclamam a assistência do Cristo. Falam n'Ele, suplicam-lhe socorro, aguardam-lhe as manifestações. Não conseguem, todavia, estabelecer a ordem em si mesmos, para a recepção dos recursos celestes. Misturam Jesus com as suas imprecações, suas ansiedades loucas e seus desejos criminosos. Naturalmente se desesperam, cada vez mais desorientados, porquanto não querem ouvir o convite à calma, não se assentam para que se faça a ordem, persistindo em manter o próprio desequilíbrio.

Retornemos, contudo, à análise sempre lúcida de Wilkon, para nos convencermos de que o fenômeno fisicamente não se realizou e que toda sua interpretação deve ser feita simbolicamente. Atentemos aos seus comentários [93]:

Logo depois disso (da multiplicação de pães e peixes), no versículo 30, o povo pede um sinal a Jesus: "Que sinal, pois,

92 XAVIER, Francisco Candido. *Caminho, verdade e vida*. Brasília: FEB. 2013, p. 65

93 WILKON, Morel Felipe. A multiplicação de pães existiu ou é um simbolismo. Disponível em: *http://www.espiritoimortal.com.br/a-multiplicação-de-peixe-existiu-ou-e-um-simbolismo/* > Acesso em 07 de set. 2021.

fazes tu, para que o vejamos, e creiamos em ti? Quais são os teus feitos?" – Se Jesus tivesse acabado de multiplicar os pães, porque eles estariam pedindo um sinal?

Em seguida a este episódio Jesus caminha sobre as águas. Em Mateus e em Marcos os apóstolos têm muito medo ao vê-lo, o que também é narrado em João (João, 6: 19-20) – Se eles tivessem presenciado a multiplicação dos pães, será que ainda estranhariam alguma coisa vinda de Jesus?

O ensinamento de Jesus é todo espiritual. Imaginarmos um milagre (ou um fenômeno desconhecido, considerado como milagre) é muito menos provável do que imaginar que o que realmente aconteceu foi que, seguindo o exemplo do menino que deu os seus cinco pães e dois peixes, e estimulados pela ação decisiva e contagiante de Jesus, cada um dos que tinham alimento tenha fugido ao seu costume de avareza e egoísmo e repartido o seu pão com o próximo. Todos repartiram o que tinham, todos comeram, todos se fartaram e ainda sobrou.

Ficamos com a conclusão de Wilkon sobre o assunto quanto assim diz:

> Jesus disse noutra ocasião, para um jovem que queria segui-lo, que repartisse os seus bens entre os pobres (Lucas 18:22) – A solidariedade é um ensino básico de Jesus [...] É isto que parece ter acontecido. Um fenômeno de solidariedade espontânea, de amor ao próximo, de entendimento, como nuca havia acontecido antes (Particularmente acho isto muito mais grandioso do que um fenômeno físico). Esse episódio conhecido como "multiplicação dos pães" nos deixa outra inestimável lição: a multiplicação dos nossos recursos de trabalho em favor do próximo. O pouco que temos a oferecer de nós mesmo é multiplicado pela espiritualidade. Nossa boa vontade para com o próximo encontra nos bons espíritos o amparo necessário [...].

A mulher adúltera...

Esta passagem que consta no Evangelho de João (8:1-11) é, sem dúvida, uma das histórias mais conhecidas da Bíblia. Nela aparece a frase que se tornou bastante conhecida: "Aquele que dentre vós estiver sem pecado seja o primeiro que lhe atire pedra", popularizado para: "Atire a primeira pedra quem não tiver pecado". Todavia, muitos analistas de texto e manuscritos gregos do Evangelho de João afirmam que a narrativa não faz parte do texto original de seu Evangelho.

Manuscritos gregos mais antigos, e por isso considerados os mais importantes, não só não o incluem como ainda mostram algumas evidências de que a história não faz, de fato, parte do texto original. Entre as evidências pode-se citar o fato de que a inclusão desses versículos rompe o fluxo da narrativa de João, uma vez que a leitura de João 7: 52 para João 8: 12 (ignorando a estória da mulher adúltera) faz todo sentido; o vocábulo é diferente do resto que se encontra no Evangelho de João, podendo-se citar o fato de João nunca ter se referido aos *escribas* em qualquer lugar de seu livro (exceto em João, 8:3); além de que há treze outras palavras nessa breve seção que não são encontradas em outro lugar do Evangelho de João. Muitos afirmam que se tratava de uma tradição oral e que por já ser considerada uma verdade passou a fazer parte dos manuscritos [94]. Alguns manuscritos, inclusive, trazem esta passagem depois de Lucas 21: 38, cujo estilo é realmente muito parecido.

---

94 Fonte: A história da mulher adúltera pertence realmente a Bíblia? Disponível em: *https://versiculoscomentados.com.br/index.php/historia-da-mulher-adultera-pertence-realmente-biblia/* Acesso em 09 de set. de 2021.

Segundo Santo Agostinho, a passagem pode ter sido indevidamente excluída de alguns manuscritos, a fim de evitar a impressão de que Jesus teria sancionado o adultério. Wilkon [95] menciona que Agostinho atribui a sua ausência ao ciúme dos maridos e que, se analisarmos o papel subalterno da mulher naquele tempo, não resta dúvida de que os homens da época não seriam capazes de admitir uma lição de Jesus que podia dar a impressão de favorecer ou, pelo menos, desculpar o adultério. Eis, como o apóstolo João relata a história da mulher adúltera:

> Jesus, entretanto, foi para o monte das Oliveiras. De madrugada, voltou novamente para o templo, e todo o povo ia ter com ele; e, assentado, os ensinava. Os escribas e fariseus trouxeram à sua presença uma mulher surpreendida em adultério e, fazendo-a ficar de pé no meio de todos, disseram a Jesus: Mestre, esta mulher foi apanhada em flagrante adultério. E na lei nos mandou Moisés que tais mulheres sejam apedrejadas; tu, pois, que dizes? Isto diziam eles tentando-o, para terem de que o acusar. Mas Jesus, inclinando-se, escrevia na terra com o dedo. Como insistissem na pergunta, Jesus se levantou e lhes disse: Aquele que dentre vós estiver sem pecado seja o primeiro que lhe atire pedra. E, tornando a inclinar-se, continuou a escrever no chão. Mas, ouvindo eles esta resposta e acusados pela própria consciência, foram-se retirando um por um, a começar pelos mais velhos até aos últimos, ficando só Jesus e a mulher no meio onde estava. Erguendo-se Jesus e não vendo a ninguém mais além da mulher, perguntou-lhe: Mulher, onde estão aqueles teus acusadores? Ninguém te condenou? Respondeu ela: Ninguém, Senhor! Então, lhe disse Jesus: Nem eu tampouco te condeno; vai e não peques mais." (João 8:1-11).

A narrativa ressalta a consideração e respeito que Jesus sempre teve para com as mulheres, tratando-as com igualdade. Percebe-se nitidamente a interrupção no fluxo na narrativa de João quando nota-se que a sequência natural dos versí-

95 WILKON, Morel Felipe. Jesus e a mulher adúltera. Disponível em: *http://www.espiritiimortal.com.br/jesus-e-a-mulher-adultera-visao-espirita/* > Acesso em 09 de set. 2021.

culos 1 e 2 do capítulo 8: "Jesus, entretanto, foi para o monte das Oliveiras. De madrugada, voltou novamente para o templo, e todo o povo ia ter com ele; e, assentado, os ensinava", (que constituem a continuação do versículo 52 do capítulo anterior) deveria ser o versículo 12: "De novo, lhes falava Jesus, dizendo: Eu sou a luz do mundo; quem me segue não andará nas trevas; pelo contrário, terá a luz da vida". reforçando a ideia de que realmente a história não fazia parte do texto original tendo sido introduzida, posteriormente, segundo alguns pesquisadores, num manuscrito do Evangelho de João datado do século VI.

Os escribas e os fariseus (e esta é a única referência de João em todo o seu Evangelho aos escribas e fariseus) trazem-lhe uma mulher que foi apanhada em adultério, fazendo-a ficar de pé no meio de todos, e um dos juízes da lei, possivelmente o líder do grupo, faz-lhe, então, a pergunta capciosa: "Mestre, esta mulher foi apanhada em flagrante adultério. E na lei nos mandou Moisés que tais mulheres sejam apedrejadas; tu, pois, que dizes?" A intenção era fazer com que Jesus, dependendo de sua resposta, lhes desse motivo para incriminá-lo perante o Sinédrio, caso respondesse não, pois se posicionaria abertamente contrário às leis de Moisés e, desacreditá-lo perante o povo, caso respondesse sim, pois estaria contradizendo o seu próprio ensinamento, em que o perdão e o amor ao próximo são pontos capitais.

Diz a narrativa de João que Jesus permanece em silêncio, inclina-se e põe-se a escrever com o dedo na terra. O fato de escrever na terra faz-nos acreditar que Jesus, possivelmente, não se encontrava no Templo e sim em algum outro espaço aberto. O grande enigma que paira sobre tal fato é o que teria Jesus escrito, pois esta é a única vez em que é relatado que Jesus escreveu. Sobre esta questão, na Revista *O Reformador*, datada de 16.07.1935, há um pequeno trecho escrito por Vinícius [96] com o título *A Primeira pedra,* que é digno de nos-

96 Vinicius é o pseudônimo do escritor e orador espírita Pedro de Camargo, nascido em Piracicaba, SP, em 07 de maio de 1878 tendo desencarnado em São Paulo em 11 de outubro de 1966. Foi comentarista evangélico na revista *O Reformador*, Jornal da Federação Espírita Brasileira. Grande expositor do Evangelho à luz da doutrina espírita foi o autor de vários livros espíritas tendo Jesus e o Evangelho como tema.

sas reflexões:

> Alguns escribas e fariseus trouxeram com grande alarde e escândalo uma certa mulher apanhada em adultério e, [...]. Jesus, depois de fitar por algum tempo seus interlocutores, voltando as costas, curvou-se e foi escrevendo na areia as seguintes considerações: "Curioso e digno de nota é o critério dos homens em semelhante assunto. Julgam que só as mulheres devem ser responsabilizadas pelo crime de adultério, como se tal delito fosse privativo delas! Estes mesmos que acabam de acusar esta pobre pecadora são, todos eles, réus da mesma culpa. Sendo necessário, poderei apontar a cada um as vezes que infringiu o nono mandamento da Lei." Enquanto Jesus escrevia, um dos escribas, movido de grande curiosidade, aproximou-se e leu tudo o que o Mestre grafara com o dedo no pátio da igreja; e, em seguida, foi relatar aos seus confrades, os quais continuavam insistindo pelo parecer de Jesus acerca do caso em apreço [97].

Certos estudiosos da vida de Jesus chegam a afirmar que ele era analfabeto, motivo porque nada deixou escrito e nem se sabe se chegou a escrever algo. Ramatís, em *O Sublime Peregrino,* nas páginas 160 e 161, indagado se há fundamento nessa afirmação, assim se expressou:

> Se até Pedro, que era um rude pescador, sabia ler e escrever, como não o saberia Jesus? O Mestre era escorreito na linguagem e, quando escrevia, estereotipava na precisão dos caracteres gráficos a exatidão do seu pensamento e a poesia do seu sentimento. Exato, lógico e parcimonioso na sua grafia, não empregava uma vírgula além do necessário. Se um grafólogo moderno examinasse os seus escritos, teria descoberto o homem perfeito, em que a retidão, a sinceridade, o espírito de justiça e o amor absoluto se mostrariam harmonizados na tessitura das frases límpidas de atavismos ou artifícios supérfluos [...]. Jesus escrevia pouquíssimo, e por uma razão simples: sabia dizer em meia dúzia de vocábulos aquilo que a complicação do pensamento humano só o pode fazer esgotando páginas extensas [...].

97 Aron, um espírita. A mulher adúltera. Disponível em: *https://aron-um-espírita.bligspot.com/2019/10/a-mulher-adultera.html* > Acesso em 10 de set. 2021.

Consultado se existe alguma prova de que Jesus de fato sabia escrever, o instrutor espiritual coloca como prova justamente a passagem evangélica que ora nos prende a atenção, isto é, Jesus diante da mulher adúltera, quando, segundo Ramatís, sua divina mão traçou na areia as palavras de censura, reveladora das mazelas daqueles escribas e fariseus que queriam apedrejá-la. Após dirigir-lhes as palavras que constam em João (8:7): "Aquele que dentre vós estiver sem pecado seja o primeiro que lhe atire pedra", silenciosamente, enquanto alguns dos mais ousados perseguidores da adúltera fizeram menção de atirar-lhe pedras, o Mestre apanhou uma vara frágil e traçou no solo as palavras: "trapaceiro", "hipócrita" e "perjuro", o que fez recuar a turba dos julgadores.

O fato é que os escribas e fariseus, que não esperavam tal resposta, desarmados, confabularam entre si e depois de algum tempo afastaram-se um por um, a começar pelos mais velhos até aos últimos, ficando a sós Jesus e a mulher. A resposta dada por Jesus, em meio ao silêncio reinante e à sua calma dominadora, força os acusadores à reflexão, a consultarem as suas consciências, onde estão gravadas não só todas as nossas atitudes, mas também as leis de Deus, e desse exame íntimo, percebem que não têm as mínimas condições morais para acusar aquela pobre mulher, com a qual, provavelmente, alguns deles já haviam estado. "Erguendo-se Jesus e não vendo a ninguém mais além da mulher, perguntou-lhe: Mulher, onde estão aqueles teus acusadores? Ninguém te condenou? Respondeu ela: Ninguém, Senhor! Então, lhe disse Jesus: Nem eu tampouco te condeno; vai e não peques mais".

O *vai e não peques mais*, dito por Jesus demonstra que se o seu coração amoroso não acusou a mulher pecadora, nem por isto ele foi conivente com o seu erro. Consciente da fragilidade do espírito humano no atual nível evolutivo em que ainda ele se encontra, sabia o Mestre que as quedas, os equívocos e os desvios do caminho reto são ocorrências naturais, passíveis de acontecer, mas que o importante àquele que cai é o esforço em se levantar e, sem carregar sentimento de culpa a lhe torturar a consciência, prosseguir esforçando-se para não mais repetir os mesmos ou outros erros; enfim, procurar viver em harmonia com as leis de Deus que estão gravadas na consciência de cada um de nós. Era o que Jesus recomendava àquela mulher, que ela deixasse para trás o seu passado de erros e começasse, doravante, a reescrever um novo roteiro para a sua existência.

A cura de um cego de nascença...

Este é outro capítulo do Evangelho de João em que estão evidenciadas a "reencarnação" e a "lei do *carma*". Trata-se da cura de um cego de nascença por Jesus e a reação das autoridades judaicas diante do fato ocorrido. Assim relata o episódio o evangelista:

> Caminhando Jesus, viu um homem cego de nascença. E os seus discípulos perguntaram: Mestre, quem pecou, este ou seus pais, para que nascesse cego? Respondeu Jesus: Nem ele pecou, nem seus pais; mas foi para que se manifestem nele as obras de Deus. É necessário que façamos as obras daquele que me enviou, enquanto é dia; a noite vem, quando ninguém pode trabalhar. Enquanto estou no mundo, sou a luz do mundo. Dito isso, cuspiu na terra e, tendo feito lodo com a saliva, aplicou-o aos olhos do cego, dizendo-lhe: Vai, lava-te no tanque de Siloé (que quer dizer Enviado). Ele foi, lavou-se e voltou vendo. Então, os vizinhos e os que dantes o conheciam de vista, como mendigo, perguntavam: Não é este o que estava assentado pedindo esmolas? Uns diziam: É ele. Outros: Não, mas se parece com ele. Ele mesmo, porém, dizia: Sou eu. Perguntaram-lhe, pois: Como te foram abertos os olhos? Respondeu ele: O homem chamado Jesus fez lodo, untou-me os olhos e disse-me: Vai ao tanque de Siloé e lava-te. Então, fui, lavei-me e estou vendo. Disseram-lhe, pois: Onde está ele? Respondeu: Não sei. (João, 9: 1-12).

Os discípulos de Jesus tinham conhecimento da reencarnação, pois, do contrário, não existiria lógica na pergunta que endereçaram a Jesus ao verem o cego de nascença: "Quem pecou, este os seus pais para que nascesse cego?" A alternativa de ser o próprio cego que havia pecado endossa a crença na reencarnação, pois isso somente poderia ter ocorrido em uma existência passada já que o homem, na existência atual, nascera cego. Por outro lado, aceitar que nascera cego para pagar pelos pecados de seus pais, é hipótese que o bom senso recusa a aceitar, uma vez que os filhos não devem pagar pelos pecados de seus pais. O fato de acreditarem que os sofrimentos da vida presente podem ter como causa delitos cometidos em vidas passadas confirma também que eram conhecedores da "lei do *carma*", ou "lei de causa e efeito", para qual a toda ação corresponde uma reação em sentido contrário, senão na existência atual, certamente numa existência futura, daí os dizeres em Gálatas, 6: 7: "Não vos enganeis: de Deus não se zomba; pois aquilo que o homem semear, isso também ceifará".

Champlim [98] que se considerava cristão de cunho protestante, um dos maiores estudiosos da Bíblia, atesta que a reencarnação era ensinada nas escolas dos fariseus e dos essênios, confirmando, assim, as colocações de Flavio Josefo, historiador contemporâneo de Jesus, de que a reencarnação era comum na época, embora entendida de maneira um tanto confusa.

Wilkon [99] analisando este capítulo do Evangelho de João tece o seguinte comentário:

> Algumas passagens das escrituras davam a entender que os filhos pagavam pelos erros dos seus pais. Precisamos esclarecer que "pais", na linguagem bíblica, tanto se refere ao pai e à mãe quanto aos antepassados – assim como "filho" tanto se refere à prole direta quanto aos descendentes. Algumas passagens das escrituras diziam que os descendentes pagavam pelos erros dos seus antepassados. Um exemplo clássico é a passagem do Êxodo 20: 5: "Não te encurvarás a elas

98 Russell Norman Champlin (1933 – 2018). Foi um religioso e escritor estado-unidense, radicado no interior do Brasil, considerado como referência para muitos teólogos cristãos.

99 WILKON. Morel Felipe. A cura do cego de nascença e a reencarnação. Disponível em: *https://www.espiritoimortal.com.br/a-cura-do-cego-de-nascença-e-a-reencarnacao* > Acesso em 13 de set. 2021.

nem as servirás; porque eu, o Senhor teu Deus, sou Deus zeloso, que visito a iniquidade dos pais nos filhos, até a terceira e quarta geração daqueles que me odeiam."

Daí terem os discípulos incluído esta alternativa na pergunta que fizeram ao Mestre. Quanto à passagem acima (Êxodo 20: 5), esclarece Wilkon que a tradução correta, tomando-se por base a *Vulgata Latina* (a tradução da Bíblia para o latim, feita por São Jerônimo de onde surgiram as primeiras traduções para o português) é: "[...] **na terceira e quarta geração** [...]" e não "[...] até a terceira e quarta gerações [...]", sendo esta última tradução tendenciosa. Vista desta forma, e considerando que os espíritos formam grandes grupos ou famílias espirituais afins (sob a tutela de um mentor espiritual) reencarnando, de tempos em tempos, em grupos familiares consanguíneos ou afins, para os devidos reajustes ou consolidação de afeto entre eles, já que se vinculam por laços de amor ou de ódio, aquele que numa determinada reencarnação comprometeu-se com o erro, poderá retornar ao mesmo grupo para a quitação devida do débito numa encarnação futura e, neste caso, o mesmo espírito poderá retornar, na sua terceira geração, como bisneto de si mesmo. (grifo nosso).

A resposta que Jesus deu aos discípulos exclui as duas hipóteses por eles aventadas: "nem ele pecou, nem seus pais", e apresenta outra: "foi para que se manifestem nele as obras de Deus" [...]. Jesus, portanto, descarta a possibilidade do homem ter nascido cego por estar pagando pelos erros de seus pais, ou por ter estar resgatando nesta sua existência faltas que teria cometido em suas vidas passadas, não desmentindo, contudo, os discípulos quanto a esta última possibilidade o que, certamente, o faria caso não existisse a reencarnação.

Considerando ser a Terra planeta de "provas e expiações" vivendo, nos nossos dias, a transição para "mundo de regeneração", os espíritos que aqui reencarnam, em sua expressiva maioria, o fazem para expiar (ressarcir) seus débitos cometidos em vidas passadas, ou/e submeterem-se às provações que lhes permitam consolidar virtudes e conhecimentos na sua caminhada evolutiva. De uma forma ou de outra, tais processos sempre implicam dores e sofrimentos, sejam físicos ou morais. Para melhor compreendermos a situação em que se achava o "cego de nascença" na sua atual encarnação, bem como a resposta dada por Jesus aos seus discípulos, é importante aprofundarmos os conceitos de "expiação" e "provação", já que exprimem situações diferentes.

A palavra expiação vem do latim *expiatione* e significa ato ou efeito de expiar, no sentido de vivenciar experiências, quase sempre dolorosas, numa conotação de castigo ou de cumprimento de pena, em que reparamos erros cometidos em vidas passadas. Diz Monteiro quanto à expiação:

> A expiação, em essência, representa uma contenção temporária da liberdade individual, necessária à reeducação do espírito que, melhor utilizando o livre arbítrio, reajusta-se às determinações das leis divinas. Nas expiações, o espírito vê-se aprisionado pelo uso indevido do livre arbítrio, que foi usado para prejudicar outras pessoas. Então, para que não prejudique mais ninguém, incluindo si mesmo, esse espírito renasce sob processos de contenção que, obviamente, produzem sofrimentos. Por isso, em alguns casos a encarnação mais parece uma prisão para o espírito, que vai expiar os mais diversos problemas ligados à saúde, miséria, violência etc. Porém, qualquer que seja o sofrimento quando é ultrapassado com resignação, resiliência, paciência e entendimento, o espírito sai dessa experiência purificado em um nível evolutivo muito elevado de entendimento espiritual e liberto dos vícios e imperfeições da matéria [...]. A expiação é, sem dúvida, a alavanca que move o espírito ao caminho da perfeição [100].

Foi neste sentido, o de estar expiando erros de seu passado, a pergunta dos discípulos, à qual Jesus categoricamente respondeu que não, o cego não estava em expiação na Terra. A "provação" não tem este caráter de resgate que possui a "expiação", podendo ser entendida como situações de vida pelas quais somos chamados a superar desafios, testes, ou avaliar nossas qualidades morais. Ainda de acordo com Monteiro, a

100 MONTEIRO, Guta. We Mystic. Expiação ou provação? Em qual tipo de encarnação você está? Disponível em: *https://www.wemystic.com.br/expiação-ou-provacao/* > Acesso em 13 de set. 2021.

prova é como uma corrida de obstáculos, onde a premiação final é um impulsionamento imenso do progresso humano. As provas sempre existirão, mesmo para espíritos superiores, que, aliás, atraem para si as mais difíceis provações. Basta prestar atenção nas hagiografias dos santos ou nas histórias de vida de grandes mestres [...]. O espírito Emmanuel, pela psicografia de Chico Xavier, no livro *O Consolador* [101] nos deixa a exata dimensão destes termos quando nos diz: "A provação é a luta que ensina ao discípulo rebelde e preguiçoso a estrada do trabalho e da edificação espiritual. A expiação é pena imposta ao malfeitor que comete um crime"

À medida que o espírito evolui passa a compreender melhor a realidade do espírito eterno e seu futuro deslumbrante, em detrimento da brevidade da existência terrena e, então, cresce-lhe na alma o desejo de progredir espiritualmente. Consciente de suas deficiências e de suas fragilidades, principalmente dos aspectos negativos que têm ao longo de suas várias existências retardado o seu progresso espiritual, escolhe, ao reencarnar, passar por provas que fortaleçam o seu caráter débil chegando mesmo a propor determinadas limitações que dificultem ou impeçam a manutenção de suas falhas, protegendo desse modo a si mesmo, daí os dizeres de Jesus: "se o teu olho te escandalizar, arranca-o, e atira-o para longe de ti" (Mateus 18:9).

Jesus diz que o homem nasceu cego "para que se manifestem nele as obras de Deus". As obras de Deus, plasmadas na Sua mente, são interpretadas pelos *Logos* que as revelam nas formas dos mundos e suas humanidades e Jesus é o enviado, a manifestação do *Logos* ou *Cristo Planetário* da Terra no nosso mundo. O homem cego, por escolha própria, submeteu-se a reencarnar com esta prova e Jesus, para que nele se manifestasse o seu poder de enviado e representante de Deus, o curou.

Quanto ao versículo seis e sete, onde lemos: "Dito isso, cuspiu na terra e, tendo feito lodo com a saliva, aplicou-o aos olhos do cego, dizendo-lhe: Vai, lava-te no tanque de Siloé (que quer dizer Enviado). Ele foi, lavou-se e voltou vendo".

101 XAVIER, Francisco Cândido/Emmanuel (espírito). *O Consolador*. 29. ed. Brasília: FEB. 2017, pergunta 246.

Wilkon [102] tece o seguinte comentário:

> A cura com saliva ou com saliva e terra é citada na Antiguidade, devidamente documentada, não há nada de extraordinário na ação de Jesus. O que é extraordinário é a cura, mas não esses elementos utilizados por Jesus. Hoje causa muita estranheza cuspir no chão, misturar a saliva com terra e aplicar nos olhos, untar os olhos. Temos que nos reportar àquele tempo, em que não havia remédios como hoje. O bom samaritano aplicou azeite e vinho nas feridas do homem assaltado (Lucas 10: 34). Eram os recursos disponíveis na época [...].

Nos demais versículos deste capítulo João se encarrega de narrar a surpresa dos vizinhos ao verem o cego de nascença curado e a curiosidade desses em saber como e quem o tinha curado. Menciona que o cego foi levado aos judeus para o inquirirem sobre a cura e ao saberem quem e como ele havia sido curado, enquanto alguns deles se indignaram pelo fato de Jesus não guardar o sábado, outros o admiraram pelos seus sinais, havendo dissensão entre eles, conforme se observa no versículo 16:

> Por isso, alguns dos fariseus diziam: Esse homem não é de Deus, porque não guarda o sábado. Diziam outros: Como pode um homem pecador fazer tamanhos sinais? E houve dissensão entre eles (João, 9:16).

A incredulidade dos judeus é tanta que chegam a duvidar que o homem tivesse de fato nascido cego. Chegam mesmo a interpelar os seus pais que, com medo de se comprometerem, confirmam a cegueira de nascença do filho, mas alegam desconhecer como a sua cura aconteceu para não serem expulsos da sinagoga, o que significava ser expulso da sociedade. O ex-cego é coagido a glorificar a Deus e a rejeitar Jesus, considerado por eles como pecador, o que numa atitude corajosa não faz e, convocado a descrever pela segunda vez como se operou a sua cura, nega-se a fazê-lo e devolve aos judeus a pergunta que os irrita ainda mais, como se pode ler abaixo:

102 WILKON, Morel Felipe. A cura do cego de nascença e a reencarnação. Disponível em: *https://www.espiritoimortal.com.br/a-cura-do-cego-de-nascenca-e-a-reencarnacao/* > Acesso em 13 de set. 2021.

> Ele lhes respondeu: Já vo-lo disse, e não atendestes; por que quereis ouvir outra vez? Porventura, quereis vós também tornar-vos seus discípulos? Então, o injuriaram e lhe disseram: Discípulo dele és tu; mas nós somos discípulos de Moisés. Sabemos que Deus falou a Moisés; mas este nem sabemos donde é" (João 9: 27 – 29).

A réplica do ex-cego demonstra que ele era uma pessoa inteligente, com discernimento, e que se tornara realmente discípulo de Jesus. Ela não só desorienta como enfurece os judeus, que acabam por expulsá-lo do local:

> Respondeu-lhes o homem: Nisto é de estranhar que vós não saibais donde ele é, e, contudo, me abriu os olhos. Sabemos que Deus não atende a pecadores; mas, pelo contrário, se alguém teme a Deus e pratica a sua vontade, a este atende. Desde que há mundo, jamais se ouviu que alguém tenha aberto os olhos a um cego de nascença. Se este homem não fosse de Deus, nada poderia ter feito. Mas eles retrucaram: Tu és nascido todo em pecado e nos ensinas a nós? E o expulsaram. (João 9:30-34).

O capitulo se encerra com o encontro de Jesus com o cego, a sua revelação a este de quem ele era, da sua missão no mundo e a lição final que dá aos fariseus, mas que se aplica, como todas as suas lições, a todos em todos os tempos:

> Ouvindo Jesus que o tinham expulsado, encontrando-o, lhe perguntou: Crês tu no Filho do Homem? Ele respondeu e disse: Quem é, Senhor, para que eu nele creia? E Jesus lhe disse: Já o tens visto, e é o que fala contigo. Então, afirmou ele: Creio, Senhor; e o adorou. Prosseguiu Jesus: Eu vim a este mundo para juízo, a fim de que os que não veem vejam, e os que veem se tornem cegos. Alguns dentre os fariseus que estavam perto dele perguntaram-lhe: Acaso, também nós somos cegos? Respondeu-lhes Jesus: Se fôsseis cegos, não teríeis pecado algum; mas, porque agora dizeis: Nós vemos, subsiste o vosso pecado. (João 9: 35-41).

Jesus afirma ter vindo a este mundo para o "juízo" que pode ser entendido como o "julgamento" de todos. Com base nos seus ensinamentos muitos que eram cegos passariam a ver, e aqui não estamos falando da cegueira física, mas da cegueira espiritual. Esses foram todos aqueles que, antes cegos para as verdades espirituais, tiveram seus olhos abertos pela luz de sua doutrina e passaram a segui-lo, como o ex-curado. Mas que veio também para que "os que veem se tornem cegos", referindo-se aos fariseus que viam, isto é, tinham conhecimentos, já que era a classe mais esclarecida do seu tempo, e, no entanto, mesmo conhecendo importantes verdades espirituais, como a reencarnação e a lei do carma, permaneciam cegos e hostis à luz que Jesus veio trazer ao mundo.

A lição final a que nos referimos é sobre a responsabilidade que acompanha o conhecimento: quanto mais conhecimento se tem maior a nossa responsabilidade, daí Jesus ter dito que "[...] Porque a todo aquele, a quem muito foi dado, muito será pedido, e ao que muito confiaram, mais contas lhe tomarão. (Lucas, XII: 47-48). Os fariseus viam, mas não queriam enxergar a verdade, por isso tornaram-se cegos.

Trazendo para os nossos dias este ensinamento de Jesus vamos encontrar em *O Evangelho Segundo o Espiritismo* [103], Allan Kardec manifestando-se da seguinte forma:

> Por esta sentença: "Se fôsseis cegos, não teríeis pecados", quis Jesus significar que a culpabilidade está na razão das luzes que a criatura possua. Ora, os fariseus, que tinham a pretensão de ser, e eram, com efeito, os mais esclarecidos da sua nação, mais culposos se mostravam aos olhos de Deus, do que o povo ignorante. O mesmo se dá hoje. Aos espíritas, pois, muito será pedido, porque muito hão recebido; mas, também, aos que houverem aproveitado, muito será dado.

E o espírito Miramez, pela mediunidade de João Nunes Maia, no livro *Filosofia Espírita - Volume XVII* [104] complementa as colocações de Kardec ao dizer:

> Observemos o que fala o apóstolo João, no capítulo nove, versículo quarenta e um: Respondeu-lhes Jesus:

103 KARDEC, Allan. *O Evangelho Segundo o Espiritismo*. 131. ed. (edição histórica). 2013. p. 249 (capítulo XVIII- itens 10-12.)

104 MAIA, João Nunes/Miramez (espírito). *Filosofia Espírita* – Volume XVII. Cap. 32 (questão 848 comentada do *O Livro dos Espíritos*)

Se fôsseis cegos, não teríeis pecado algum; mas, porque agora dizeis: nós vemos, subsiste o vosso pecado. Observa na fala do Mestre que o que desconhece a lei não tem pecado, entretanto, o pregador da lei que comete a falta, embora ensine aos outros a não cometê-la, é punido duplamente nas suas excentricidades. Não se deve usar das desculpas para servir de instrumento para as trevas, pois o preço destas desculpas será muito grande e ter-se-á de pagar ceitil por ceitil, por vezes até em corpos incapacitados e com a mente conturbada, para exercitar o bem e entendê-lo. Eis a maior das provações e expiações, nos caminhos que percorrem no mundo os faltosos diante da lei de amor!

A ressurreição de Lázaro...

A ressurreição de Lázaro é, sem dúvida, considerada pelos teólogos um dos maiores milagres da Bíblia; mas, teria Lázaro de fato morrido? Como pode ser possível alguém depois de estar morto voltar a viver, quando se sabe que a morte física é uma lei de Deus e, como todas as Leis de Deus, por serem perfeitas, já que Deus é a Perfeição absoluta, não podem ser derrogadas? A morte do corpo físico é lei natural e universal, já que ocorre em todos os mundos onde existe vida no plano físico em suas múltiplas dimensões físico-energéticas, portanto, não pode ser derrogada, nem mesmo por Jesus. Mas, passemos à narrativa do apóstolo João:

> Estava enfermo Lázaro, de Betânia, da aldeia de Maria e de sua irmã Marta. Esta Maria, cujo irmão Lázaro estava enfermo, era a mesma que ungiu com bálsamo o Senhor e lhe enxugou os pés com os seus cabelos. Mandaram, pois, as irmãs de Lázaro dizer a Jesus: Senhor, está enfermo aquele a quem amas. Ao receber a notícia, disse Jesus: Esta enfermidade não é para morte, e sim para a glória de Deus, a fim de que o Filho de Deus seja por ela glorificado. Ora, amava Jesus a Marta, e a sua irmã, e a Lázaro. Quando, pois, soube que Lázaro estava doente, ainda se demorou dois dias no lugar onde estava. Depois, disse aos seus discípulos: Vamos outra vez para a Judeia. Disseram-lhe os discípulos: Mestre, ainda agora os judeus procuravam apedrejar-te, e voltas para lá? Respondeu Jesus: Não são doze as horas do dia? Se alguém andar de dia, não tropeça, porque vê a luz deste mundo; mas, se andar

de noite, tropeça, porque nele não há luz. Isto dizia e depois lhes acrescentou: Nosso amigo Lázaro adormeceu, mas vou para despertá-lo. (João 11:1-11).

Betânia, à época de Jesus, era uma pequena aldeia, uma vila modesta, que ficava nas proximidades do *Monte das Oliveiras*, que só ficou conhecida por ser o local onde viviam os irmãos Maria, Marta e Lázaro, conhecidos e estimados do Mestre, e também por ter sido palco de um dos mais notáveis "milagres" operados por Jesus no seu ministério. A aldeia de Betânia ficava a cerca de três quilômetros da cidade de Jerusalém, do outro lado do *Monte das Oliveiras*, na estrada para Jericó. João afirma que Jesus amava a Maria, Marta e Lázaro, que eram profundos os laços de amizade que os uniam, já que, quando ele se fazia presente, as irmãs de tudo faziam para que o Mestre se sentisse acolhido e bem recebido.

Com base no registro dos Evangelhos, parece que Jesus costumava se hospedar em Betânia quando estava na Judeia durante seu ministério itinerante (Mateus 21:17); Marcos 11:11). Além da casa dos amigos de Jesus, na vila de Betânia também ficava a casa de Simão, o leproso – que provavelmente foi curado por Jesus. Foi na casa de Simão em Betânia que ocorreu o jantar em que o Senhor Jesus foi ungido com o nardo puro que Maria lhe trouxe num vaso de alabastro (Marcos 14:3-9; João 12:1-8) [105].

Onde se encontrava Jesus quando o mensageiro de Maria o encontra e lhe comunica a enfermidade de Lázaro? Jesus havia deixado Jerusalém porque os judeus intencionavam matá-lo (João, 10: 24) e se encontrava do outro lado do Jordão, segundo alguns estudiosos a 32 km e a um dia de viagem de Betânia. O mensageiro teria gasto um dia para chegar até Jesus e, logo após sair de Betânia, Lázaro teria supostamente morrido. Todavia, mesmo após receber o pedido aflitivo das irmãs Jesus permanece por mais dois dias no lugar onde se encontrava e só então convida os discípulos a voltarem para Judeia, sendo alertado pelos mesmos sobre o perigo de para lá retornar, haja vista que as autoridades judaicas queriam matá-lo.

105 CONEGERO, Daniel. Como era a cidade de Betânia e qual o seu significado? Disponível em: *https://estiloadoracao.com/cidade-de-betania-significado* > Acesso em 19 de set. de 2021.

Acreditamos que o fato de Jesus permanecer por mais dois dias no lugar em que se encontravam e a sua fala aos discípulos dizendo que "Lázaro havia adormecido, mas que ele iria despertá-lo", decorreu do fato dele conhecer a natureza de seu amigo Lázaro, a quem muito amava, as crises a que ele estava sujeito, bem como de suas excepcionais faculdades que lhe permitiram, tão logo tenha recebido a notícia da enfermidade do amigo querido (que àquela altura já era dado supostamente como morto) projetar sua consciência até ele e observar que a desencarnação (ruptura dos laços fluídicos que ligam o corpo ao espírito) não havia ocorrido e, consequentemente, nem a morte do corpo físico.

Lembramos que morte e desencarnação são fenômenos distintos que nem sempre ocorrem simultaneamente. Pode haver morte física, sem a respectiva desencarnação (libertação do espírito dos laços fluídicos que o unem ao corpo físico), mas o contrário não, isto é, se Lázaro tivesse de fato desencarnado o seu corpo físico estaria irreversivelmente morto e nem mesmo Jesus seria capaz de reverter este processo que, como já dissemos, é Lei natural, universal e divina, que não pode ser derrogada. Lembremos de suas palavras afirmando "que não viera destruir a Lei, mas sim cumpri-la" (Mateus, 5:17).

Dando sequência à narrativa do apóstolo João, lemos:

> Disseram-lhe, pois, os discípulos: Senhor, se dorme, estará salvo. Jesus, porém, falara com respeito à morte de Lázaro; mas eles supunham que tivesse falado do repouso do sono. Então, Jesus lhes disse claramente: Lázaro morreu; e por vossa causa me alegro de que lá não estivesse, para que possais crer; mas vamos ter com ele. Então, Tomé, chamado Dídimo, disse aos condiscípulos: Vamos também nós para morrermos com ele. Chegando Jesus, encontrou Lázaro já sepultado, havia quatro dias. Ora, Betânia estava cerca de quinze estádios perto de Jerusalém. Muitos dentre os judeus tinham vindo ter com Marta e Maria, para as consolar a respeito de seu irmão. Marta, quando soube que vinha Jesus, saiu ao seu encontro; Maria, porém, ficou sentada em casa. Disse, pois, Marta a Jesus: Senhor, se estiveras aqui, não teria morrido meu irmão. Mas

> também sei que, mesmo agora, tudo quanto pedires a Deus, Deus to concederá. Declarou-lhe Jesus: Teu irmão há de ressurgir. Eu sei, replicou Marta, que ele há de ressurgir na ressurreição, no último dia. Disse-lhe Jesus: Eu sou a ressurreição e a vida. Quem crê em mim, ainda que morra, viverá; e todo o que vive e crê em mim não morrerá eternamente. Crês isto? (João, 11: 12-26),

No versículo 14 narra o apóstolo que Jesus diz claramente aos seus discípulos que Lázaro está morto. Evidentemente Jesus não se referia à morte física de Lázaro, segundo Wilkon [106] Lázaro estava passando por uma experiência mística, um ritual de morte e renascimento, que era muito comum no passado. Lázaro estava morto para o seu passado e Tomé, sabendo que se tratava de um ritual, convida todos a morrerem juntamente com Lázaro.

Cairbar Schutel [107], referindo-se a essas mesmas palavras do versículo 14, afirma que "Lázaro não cultivava suas faculdades e vivia alheio às coisas espirituais, pois o Evangelho não nos fala dele senão quando narra a sua "ressurreição", o que quer dizer que ele era como quem não existisse, era um morto que ali vivia tratando de outros lazeres estranhos aos que enobrecem a alma e exaltam o coração". Portanto, o que Jesus de fato quis dizer, era que Lázaro estava morto para as coisas do espírito e que ele iria despertá-lo desse sono para a vida verdadeira que é a espiritual.

É importante esclarecer que a palavra "mortos" nem sempre tinha a representação para aqueles que morriam (desencarnavam), pois tanto no simbolismo judaico como nos Evangelhos, representava o estado moral onde se encontravam alguns homens afastados de Deus por suas índoles malévolas e suas limitações [108].

---

106 WILKON, Morel Felipe. A Ressurreição de Lázaro – uma visão espírita. Disponível em: *https://www.espiritoimortal.com.br/a-ressurreicao-de-lazaro-uma-visao-espirita*. > Acesso em 19 de set. 2021.

107 SCHUTEL, Cairbar. A ressurreição de Lázaro. Disponível em: *https://acasadoespiritismo.com.br/Jesus/ensinosdejesus/a ressurreição de lazaro.htm* > Acesso em 20 de set. 2021.

108 Fonte: Aquarius. 2036. Ressurreições ou reencarnações? Disponível em: *https://aquarius2036.com.br/2010/10ressurreicao-dos-mortos-ultimos-dias-reencarnacoes-santos.html* > Acesso em 21 de set. 2021.

Outro aspecto digno de ser comentado na narrativa do apóstolo João é com relação à "ressurreição dos mortos", tão aguardada pelos fiéis das religiões tradicionais, a grande esperança para os que creem em Jesus e que foram batizados. Em síntese, entendem tais cristãos que no "fim dos tempos", quando Jesus voltar, corporificado e visível, todas as pessoas que já existiram ressuscitarão (sairão de seus túmulos com seus corpos físicos revividos) e serão julgadas por Deus (Juízo Final) juntamente com os "vivos", alguns receberão o castigo eterno, mas outros receberão a vida eterna.

Os salvos que se acharem vivos na Terra e escaparem à condenação serão transformados (ganharão um corpo espiritual, não corrompido pelo pecado, tão glorioso como o corpo de Jesus quando ressuscitou), serão arrebatados para o céu onde irão morar para sempre junto de Deus. A crença na "ressurreição dos mortos, no último dia" está fundamentada na Primeira Epistola de Paulo aos Tessalonicenses, 4: 16-18, quando o apóstolo assim se exprime:

> Porquanto o Senhor mesmo, dada a sua palavra de ordem, ouvida a voz do arcanjo, e ressoada a trombeta de Deus, descerá dos céus e os mortos em Cristo ressuscitarão primeiro; depois, nós, os vivos, os que ficamos seremos arrebatados juntamente com eles, entre nuvens, para o encontro do Senhor nos ares, e, assim, estaremos para sempre com o Senhor. Consolai-vos, pois, uns aos outros, com estas palavras.

No entanto, o próprio apóstolo em sua Primeira Epistola aos Coríntios, 15: 44, afirma: "Semeia-se corpo natural, ressuscita corpo espiritual. Se há corpo natural, há também corpo espiritual" (grifo nosso), deixando evidente que a dita "ressurreição dos mortos" se dará em corpo espiritual, como ocorre a todos que abandonam o corpo físico pelo fenômeno da morte e ressuscitam no plano espiritual, com o seu corpo espiritual, ao qual a doutrina espírita denomina de *perispírito*. Tomada no sentido literal as palavras do apóstolo, preocupa-nos, sobremaneira, a situação dos que tiveram seus corpos cremados e suas cinzas dispersas ao vento ou lançadas aos oceanos.

João continua sua narrativa dos fatos dizendo:

> Sim, Senhor, respondeu ela, eu tenho crido que tu és o Cristo, o Filho de Deus que devia vir ao mundo. Tendo dito isto, retirou-se e chamou Maria, sua irmã, e lhe disse em particular: O Mestre chegou e te chama. Ela, ouvindo isto, levantou-se depressa e foi ter com ele, pois Jesus ainda não tinha entrado na aldeia, mas permanecia onde Marta se avistara com ele. Os judeus que estavam com Maria em casa e a consolavam, vendo-a levantar-se depressa e sair, seguiram-na, supondo que ela ia ao túmulo para chorar. Quando Maria chegou ao lugar onde estava Jesus, ao vê-lo, lançou-se-lhe aos pés, dizendo: Senhor, se estiveras aqui, meu irmão não teria morrido. Jesus, vendo-a chorar, e bem assim os judeus que a acompanhavam, agitou-se no espírito e comoveu-se. E perguntou: Onde o sepultastes? Eles lhe responderam: Senhor, vem e vê! Jesus chorou. Então, disseram os judeus: Vede quanto o amava. Mas alguns objetaram: Não podia ele, que abriu os olhos ao cego, fazer que este não morresse? Jesus, agitando-se novamente em si mesmo, encaminhou-se para o túmulo; era este uma gruta a cuja entrada tinham posto uma pedra. Então, ordenou Jesus: Tirai a pedra. Disse-lhe Marta, irmã do morto: Senhor, já cheira mal, porque já é de quatro dias. Respondeu-lhe Jesus: Não te disse eu que, se creres, verás a glória de Deus? Tiraram, então, a pedra. E Jesus, levantando os olhos para o céu, disse: Pai, graças te dou porque me ouviste. Aliás, eu sabia que sempre me ouves, mas assim falei por causa da multidão presente, para que creiam que tu me enviaste. E, tendo dito isto, clamou em alta voz: Lázaro, vem para fora! Saiu aquele que estivera morto, tendo os pés e as mãos ligados com ataduras e o rosto envolto num lenço. Então, lhes ordenou Jesus: Desatai-o e deixai-o ir. Muitos, pois, dentre os judeus que tinham vindo visitar Maria, vendo o que fizera Jesus, creram nele. Outros, porém, foram ter com os fariseus e lhes contaram dos feitos que Jesus realizara. João (11:27-46).

Diz Wilkon [109]: "O fato é que ninguém, depois de morto,

109 WILKON, Morel Felipe. A Reencarnação de Lázaro – uma visão espírita. Dis-

pode voltar à vida no mesmo corpo. Somos espíritos imortais, mas o corpo morre uma só vez. É isso que diz a tão famosa passagem de Hebreus 9: 27[110], que os apressados que não acreditam na reencarnação adoram usar como argumento".

O espírito Atanagildo, no livro *A Vida Além da Sepultura* [111], discorrendo sobre as etapas do processo desencarnatório, sob a tutela dos espíritos assistentes das desencarnações, menciona que quando esses desligam os laços vitais da zona do *plexo solar*, onde se localizam as últimas algemas do espírito, constituídas pelas forças físicas, ocorre imediatamente o extravasamento de uma substância gasosa de aparência leitosa, após o que inicia-se o esfriamento do corpo, a começar pelos membros inferiores, **desaparecendo, a partir desse momento, qualquer possibilidade de salvá-lo**, isto é, fazer com que retorne a vida no corpo. Portanto, Lázaro não podia estar morto e desencarnado quando Jesus o chama, ordenando que volte, e ele o atende. O que teria acontecido então? (grifo nosso).

Cairbar Schutel [112] no livro *Parábolas e Ensinos de Jesus*, afirma que o "caso de Lázaro não passa de um caso psíquico, fenômeno cataléptico, que tanto pode durar duas horas como quatro ou cinco dias [...] e que essa moléstia era muito comum na Judeia, onde os enterramentos eram imediatos". Vitimado por uma letargia, imediatamente fizeram-no enterrar, permanecendo no túmulo durante a crise cataléptica. Comenta ainda que a catalepsia apresenta todas as aparências da morte: rigidez, insensibilidade, perda de inteligência, aspecto cadavérico etc.

Oportuna e esclarecedora a resposta da questão 423 que deram os espíritos superiores a Kardec no *O Livro dos Espíritos* [113] que aqui reproduzimos:

Q. 423: Na Letargia, pode o espírito separar-se inteira-

---

ponível em: *https://www.espiritoimortal.com.br/a-ressurreicao-de-lazaro-uma-visao-espirita*. > Acesso em 19 de set. 2021.

110 "E, assim como aos homens está ordenado morrerem uma só vez, vindo, depois disto, o juízo".

111 ATANAGILDO (espírito). Espíritos assistentes das desencarnações. In: MAES, Hercílio/Ramatís (Coord.). *A Vida Além da Sepultura*. 12. ed. Limeira: **EDITORA DO CONHECIMENTO**, 2007, p. 237.

112 SCHUTEL, Cairbar. *Parábolas e Ensinos de Jesus*. 1. Ed. Matão: O CLARIM, 1928, p. 392.

113 KARDEC, Allan. *O Livro dos Espíritos*, 82. ed. Rio de Janeiro: FEB, 2002, p. 230.

mente do corpo, de modo a imprimir-lhe todas as aparências da morte e voltar depois a habitá-lo?

Na letargia o corpo não está morto, porquanto, há funções que continuam a executar-se. Sua vitalidade se encontra em estado latente, porém, não aniquilada. Ora, enquanto o corpo vive o espírito se lhe acha ligado. E se rompendo, pelo efeito da morte real e da desagregação dos órgãos, integral se torna a separação e o espírito não volta mais ao seu envoltório. **Desde que um homem aparentemente morto volte a vida, é que não era completa a morte.**" (grifo nosso).

O espírito Miramez [114], comentando esta mesma questão de *O Livro dos Espíritos*, assim como, o suposto "milagre" da ressurreição de Lázaro, já que os casos estão associados, assim se expressa:

> Em estado letárgico, o Espírito se encontra ligado ao seu fardo físico, não obstante, dá aparências de morto, porque a sua força vital volta a um estado latente. Para bem dizer, ela se recolhe, sem certas funções na atividade do complexo fisiológico [...]. Diz-nos "O Livro dos Espíritos", obra que não deixa dúvidas aos estudantes do Espiritismo, que a alma, ainda estando ligada ao corpo físico, em muitos casos pode a ele voltar a viver no seu instrumento físico, mas, depois que se romperem esses laços espirituais, terminou sua atividade no mundo das formas, como Espírito encarnado. Somente resta a esperança de reencarnar em novo corpo, para novas tarefas evolutivas. Não sendo completa a morte, há meios do Espírito retornar às suas funções e comandar os seus órgãos, senão o corpo, para continuar a sua tarefa, em nome de Deus [...]. Ele (Jesus), no caso de Lázaro, restabeleceu seu corpo físico, e fez circular a força vital em seu organismo. Como Lázaro ainda estava ligado ao corpo, deu ordem - porque tinha essa autoridade - para que aquele Espírito voltasse à vida física, e assim se deu, para glória de Deus, que Se manifestava visivelmente em Jesus. Lázaro passou a viver com suas irmãs normalmente, enriquecido pela

114 MAIA, João Nunes/ Miramez (espírito). *Filosofia Espírita* – Volume IX. Belo Horizonte: ESPÍRITA CRISTÃ FONTE VIVA, 1989, Cap. 15. Q. 423 do *O Livro dos Espíritos*.

fé que já tinha no coração [...].

Também o espírito Ramatís, no livro *O Sublime Peregrino* [115], comentando os "milagres" de Jesus assim se manifesta a respeito da "ressurreição de Lázaro":

> [...] Realmente, Jesus assistiu Lázaro e o salvou de morte certa; mas os exegetas da Bíblia quiseram levar o caso à conta de uma ressurreição, derrogando assim as próprias leis que o Mestre afirmou não vir destruir, mas sim cumprir. O caso de Lázaro explica-se hoje na esfera da patogenia cataléptica; motivo por que Jesus afirmou que, no futuro, outros fariam muito mais do que ele fizera! O corpo do suposto ressuscitado estava rígido, mas vivo, pois o jovem Lázaro sofria de terríveis ataques catalépticos. Houve, sim, um despertamento salvador, mas não a ressurreição de um corpo já em desintegração. Conforme diz o Novo Testamento, Jesus achegou-se a Lázaro e ordenou-lhe, num tom imperativo, que ele se levantasse! E jorrando-lhe forças magnéticas de alta vitalidade, que o desentorpeceram do choque epiléptico e da rigidez muscular, Lázaro levantou-se. Se o corpo de Lázaro já estava inumado há quatro dias, como diz o evangelho de João, em terreno aquecido e favorável à multiplicação da fauna microbiana desintegradora dos túmulos, Jesus teria encontrado ali apenas um cadáver putrefato, desprovido de fluido vital e em acentuada decomposição. As carnes já estariam desagregando e sendo devoradas pelos vermes famélicos dos sepulcros! Lázaro, vítima de terrível ataque cataléptico, teria, evidentemente, sucumbido na sua angustiosa atmosfera aquecida da gruta de pedra, caso Jesus não o tivesse chamado à vida antes do seu sepultamento definitivo. Mas os autores de tal "milagre" não se contentaram apenas com essa ressurreição atribuída a Jesus, pois também fazem Pedro ressuscitar uma jovem, como se verifica no "Livro de Atos dos Apóstolos" (Cap. IX — 40).

Há certa dificuldade em distinguir os fenômenos da *letargia* e o da *catalepsia*. A ciência médica define a **catalepsia**

---

115 MAES, Hercílio/ Ramatís (espírito). *O Sublime Peregrino*. 18. ed. Limeira: **EDITORA DO CONHECIMENTO**, 2016, p.236.

como um estado de rigidez muscular e diminuição da sensibilidade à dor. Caracteriza-a pela inatividade, diminuição da capacidade de resposta a estímulos e uma tendência a manter uma postura imóvel. Frequentemente, os sinais vitais da pessoa, como respiração e batimento cardíaco caem para níveis muito baixos, de modo que quase são indetectáveis, mesmo pelos médicos [116]. No passado já existiram casos de pessoas que foram enterradas vivas e na verdade estavam passando pela catalepsia patológica. Já a letargia é um estado geral de sono profundo e prolongado onde diversas funções do organismo estão presentes e funcionantes, mas de maneira lenta [117]. Ambas, contudo, são ocasionadas por certo desprendimento do espírito que produz, geralmente, uma insensibilidade física. Os letárgicos e catalépticos em geral observam o que acontece em derredor. O espírito tem consciência de si, mas não pode comunicar-se.

Como esclarece Ramatís, Lázaro-espírito encontrava-se ainda ligado ao seu corpo físico pelo "cordão prateado", cujo desligamento consiste no último ato a ser executado pelos "técnicos desencarnatórios" nos moribundos em via de desencarnação, e pelos demais laços fluídicos que unem o corpo físico ao corpo astral; via-se impossibilitado de nele atuar pela rigidez muscular em que este se encontrava em decorrência do ataque cataléptico que o vitimara; o seu duplo etérico garantia-lhe a cota mínima de vitalidade capaz de mantê-lo vivo e impedir o ataque famélico da fauna decompositora. A presença providencial de Jesus ordenando-lhe em tom imperativo que se levantasse e jorrando-lhe forças magnéticas altamente vitalizantes que o desentorpeceram, fez com que Lázaro-espírito retomasse seu corpo físico e retornasse à vida. Caso a desencarnação tivesse de fato ocorrido (desligamento do cordão prateado e demais laços fluídicos que unem o corpo físico ao perispírito), nem mesmo o Mestre seria capaz de devolvê-lo à vida, uma vez que seu corpo já estaria em adiantado estado de decomposição.

---

116 Fonte: Regenerati. Catalepsia – Saiba mais: Disponível em: *https://regenerati.com.br/catalepsia-saiba-mais/* > Acesso em 24 de set. 2021.

117 COSTA, Alan. Letargia - O que é, causas, sintomas e tratamentos. Disponível em: *https://dicademusculacao.com.br/letargia/* > Acesso em 24 de set. 2021.

A entrada triunfal de Jesus em Jerusalém...

A entrada triunfal de Jesus em Jerusalém é um evento que é relatado pelos quatro Evangelhos canônicos, e que ocorreu já no fim da sua sagrada missão em seu corpo físico, entre nós. A entrada marca o início do período conhecido como *Paixão*, que culminará com a sua crucificação e a sua "ressurreição", como consideram os teólogos e cristãos das doutrinas tradicionais, no terceiro dia.

João, no capítulo 12 de seu Evangelho, descreve os acontecimentos que precederam a entrada triunfal de Jesus em Jerusalém:

> Seis dias antes da Páscoa, foi Jesus para Betânia, onde estava Lázaro, a quem ele ressuscitara dentre os mortos. Deram-lhe, pois, ali, uma ceia; Marta servia, sendo Lázaro um dos que estavam com ele à mesa. Então, Maria, tomando uma libra de bálsamo de nardo puro, mui precioso, ungiu os pés de Jesus e os enxugou com os seus cabelos; e encheu-se toda a casa com o perfume do bálsamo. Mas Judas Iscariotes, um dos seus discípulos, o que estava para traí-lo, disse: Por que não se vendeu este perfume por trezentos denários e não se deu aos pobres? Isto disse ele, não porque tivesse cuidado dos pobres; mas porque era ladrão e, tendo a bolsa, tirava o que nela se lançava. Jesus, entretanto, disse: Deixa-a! Que ela guarde isto para o dia em que me embalsamarem; porque os pobres, sempre os tendes convosco, mas a mim nem sempre me tendes. Soube numerosa multidão dos judeus que Jesus estava ali, e lá foram não só por causa dele, mas também para verem Lázaro, quem ele ressuscitara dentre os mor-

tos. Mas os principais sacerdotes resolveram matar também Lázaro; porque muitos dos judeus, por causa dele, voltavam crendo em Jesus. João (12:1-11).

Botanicamente conhecido como *Nardostachys jatamansi*, o *nardo* é uma planta de características aromáticas da família Valerianaceae, originária do Nepal, China e Índia. Dependendo da região pode receber diferentes nomes, entre eles *espicanardo* ou *nardo indiano*. Há registros que mostram que ele sempre foi uma planta valorizada comercialmente, principalmente na forma de óleo essencial na fabricação de perfumes e incensos pelos povos antigos [118]. A planta possui também propriedades medicinais e Wilkon, citando Carlos Pastorino, menciona que o *nardo* usado em Jesus tinha propriedades anestésicas e analgésicas, já que em poucos dias Jesus seria crucificado e, antes de sê-lo, seria açoitado. Nesse caso o *nardo* ajudaria a insensibilizar o seu corpo parcialmente à dor. Informa ainda que a unção praticada por Maria nos pés de Jesus foi uma unção medicinal, isto é, a unção que se fazia no corpo dos mortos antes de sepultá-los, sendo exatamente isso que Jesus diz: – "que ela (Maria) havia guardado isso para o dia da sua sepultura". Wilkon conclui dizendo que fica evidente que Jesus sabia que ia morrer, e não só sabia como se preparava para isso. [119]

O questionamento com certo tom de indignação de Judas faz sentido quando se sabe que ele era o discípulo mais apegado às coisas materiais e ao poder transitório do mundo, tanto que exercia a função de tesoureiro do grupo, e que o bálsamo que Maria usou era, de fato, muito caro. Mateus diz que os discípulos ficaram indignados com aquele "desperdício". (Mateus, 26: 8, 9). O *nardo* usado por Maria foi avaliado em trezentos denários por Judas e, tendo em vista que um denário correspondia à diária de um trabalhador braçal, o *nardo* tinha o valor de 300 dias de trabalho, o que constituía uma pequena fortuna.

118 Fonte: Instituto Ortomolecular. Nardo: A planta que há séculos perfuma e promove a saúde. Disponível: *https://institutoortomolecular.com/nardo-a-planta-que-ha-seculos-perfuma-e-promove-a-saude/* > Acesso em 26 de set. 2021.

119 WILKON, Morel Felipe. A entrada triunfal de Jesus em Jerusalém. Disponível em: *https://espiritoimortal.com.br/a-entrada-triunfal-de-jesus-em-jerusalem/* > Acesso em 26 de set. 2021.

João narra que uma numerosa quantidade de judeus soube que Jesus se encontrava na casa de Lázaro e para lá se dirigiu não somente com o propósito de vê-lo, mas também para ver Lázaro, que ele havia "ressuscitado" dentre os mortos. Comenta que os principais sacerdotes passaram também a querer a morte de Lázaro, já que por causa do "milagre" que Jesus nele operou, muitos judeus passaram a acreditar no Mestre.

Na sequência o apóstolo João descreve a caminhada e a entrada triunfal de Jesus em Jerusalém, nos seguintes termos:

> No dia seguinte, a numerosa multidão que viera à festa, tendo ouvido que Jesus estava de caminho para Jerusalém, tomou ramos de palmeiras e saiu ao seu encontro, clamando: Hosana! Bendito o que vem em nome do Senhor e que é Rei de Israel! E Jesus, tendo conseguido um jumentinho, montou-o, segundo está escrito: Não temas, filha de Sião, eis que o teu Rei aí vem, montado em um filho de jumenta. Seus discípulos a princípio não compreenderam isto; quando, porém, Jesus foi glorificado, então, eles se lembraram de que estas coisas estavam escritas a respeito dele e também de que isso lhe fizeram. Dava, pois, testemunho disto a multidão que estivera com ele, quando chamara a Lázaro do túmulo e o levantara dentre os mortos. Por causa disso, também, a multidão lhe saiu ao encontro, pois ouviu que ele fizera este sinal. De sorte que os fariseus disseram entre si: Vede que nada aproveitais! Eis aí vai o mundo após ele. (João 12:12-19)

Há um esforço por parte dos Evangelhos em demonstrar que Jesus era de fato o Messias prometido, aquele anunciado pelos profetas, daí a necessidade de se ajustarem os acontecimentos de sua vida com os fatos profetizados, como vemos nesta passagem em que João e os demais evangelistas colocam Jesus montado num jumentinho em sua entrada em Jerusalém. Em Zacarias, 9: 9 lemos: "Alegra-te muito, ó filha de Sião; exulta, ó filha de Jerusalém: eis aí te vem o teu Rei, justo e salvador, humilde, montado em jumento, num jumentinho, cria de jumenta",

Ramatís, em *O Sublime Peregrino* [120] comenta que no domingo que antecedia a semana da Páscoa, Jesus e seus discípulos partiram de Betânia em direção a Jerusalém. Menciona que o Mestre seguia silencioso e preocupado, antevendo os acontecimentos trágicos para breves dias, mas que seus amigos e adeptos, no entanto, acompanhavam-no dominados por intenso júbilo, certos de que chegara o momento tão ansiosamente esperado. Esclarece o mentor universalista que na imaginação dos que seguiam Jesus, ele seria o fermento, o catalisador absoluto do povo eleito, o embaixador de Israel unindo todas as ovelhas num só redil e que já não se tratava de crença, doutrina ou movimento religioso, e sim de uma causa nacional em que toda Jerusalém marcharia ao lado dos galileus. Para eles a cidade de Deus precisava ser escoimada das impurezas dos infiéis e do insulto da águia romana, que deveria ser destroçada sob os tacões dos judeus heroicos e decididos, sob o comando do invencível profeta e Messias Jesus. O "Reino do céu", portanto, tardaria apenas por algumas horas.

Relata ainda que os que seguiam Jesus mostravam-se festivos e animados e à medida que a caravana percorria as estradas de Betânia a Jerusalém, acudiam novos adeptos, simpatizantes, aventureiros e até arruaceiros, entusiasmados ante as perspectivas compensadoras daquele movimento do rabi de Nazaré sobre os "homens do caminho", e que cada vez mais engrossava a turba bulhenta em torno do grupo apostolar.

Pela narrativa de Ramatís percebe-se claramente que o único motivo que movia a massa acompanhante do Mestre rumo a Jerusalém era o de lá consagrá-lo rei e a certeza de que este, ao fazer uso de seu poder, capaz de ressuscitar Lázaro dentre os mortos, destituiria definitivamente os romanos do poder que exerciam.

Assim Ramatís descreve a entrada triunfal de Jesus e seus seguidores em Jerusalém:

> A caravana chegou às portas de Jerusalém e ali estacou de modo triunfal. Muitos de seus participantes já haviam seguido à frente, a fim de prepararem uma recepção das mais festivas e contagiantes aos jerusale-

120 MAES, Hercílio. *O Sublime Peregrino*, 18. ed. Limeira: **EDITORA DO CONHECIMENTO**, 2016, pp. 312-313.

> mitas, sempre tão indiferentes aos valores da Galiléia. O Mestre Jesus não pôde fugir àquela onda de vibração efusiva que o envolveu e, ereto e majestoso, atravessou a "Porta Áurea" da cidade. Mas o seu espanto foi imensurável, quando as mulheres e as crianças lhe atiraram flores e o saudaram com ramos de oliveira e palmeiras, enquanto os homens tiravam suas túnicas e as colocavam no chão para ele passar. Surpreso e apreensivo, pisava as pétalas de flores e as túnicas de seus admiradores, estendidas a seus pés, sobre os gritos de "hosanas" e aclamações ao Rei de Israel e ao "Filho de Deus". Aliás, **Jesus não penetrou em Jerusalém montado num burrico ou qualquer jumento,** conforme diz a tradição religiosa e assim predisse o Velho Testamento, pois desde Betânia todos marcharam a pé, num crescente Júbilo emocional. Evidentemente, ninguém estenderia suas túnicas para serem pisadas por um burrico, mas assim o fizeram para a passagem do Mestre Galileu [...] (grifo nosso).

Ali começava, como dissemos no início deste capítulo, o período que ficou conhecido como a *Paixão de Cristo* e que culminaria com a sua crucificação na sexta-feira. Interessante neste relato de Ramatís é o fato de Jesus não ter entrado triunfalmente em Jerusalém montado num jumento, como consta nos Evangelhos. As imagens, os sons e as cenas por ele descritas foram obtidos pelo seu acesso aos *Registros Akháshicos* (espécie de memória da natureza) onde permanecem indelevelmente gravados todos os pensamentos, palavras, emoções e intenções humanas de todos os fatos ocorridos ou que estejam ocorrendo [121].

Jesus, evidentemente, tinha conhecimento do que o aguardava, que a hora de seu testemunho se aproximava e que o sucesso da sua missão na Terra exigia dele aquele sa-

121 Ramatís estava encarnado à época de Jesus na figura do filósofo Fílon de Alexandria, tendo mantido contato com Jesus e seus discípulos. Os Registros Akáshicos ou "Akasha" ou Memória da Natureza constituem um arquivo cósmico onde se imprime o registro de toda a evolução dos universos e entes criados; de tudo, desde o eclodir das galáxias até o cair de uma folha, passando pela história das humanidades e indivíduos, como um filme indelével. Os Registros Akáshicos originais encontram-se num plano muito elevado, ao qual só têm acesso os Grandes Mestres e adeptos, Entretanto, um reflexo ou cópia desses registros encontram-se ao nível etérico, no chamado Éter Refletor, e a ele podem ter acesso certos sensitivos com uma faculdade peculiar já desenvolvida.

crifício pois, somente assim, a sua mensagem nasceria com a força necessária para penetrar nos corações humanos e permanecer viva pelos séculos afora.

A Cerimônia do lava-pés...

"Lava-pés" é um rito religioso observado por diversas denominações cristãs e é baseado no relato de João 13:1-17, que menciona Jesus realizando-o durante a Última Ceia. A origem da prática pode estar nos costumes referentes à hospitalidade das civilizações antigas, especialmente naquelas onde a sandália (um calçado aberto) era o principal tipo de calçado. O anfitrião, ao receber um hóspede, providencia uma vasilha com água e um servo para lavar-lhe os pés. Esta prática aparece em diversos pontos do Antigo Testamento (Gênesis 18:4; 19:2; 24: 32; 43: 24; 1 Samuel 25:41, entre outros), e também em outros documentos históricos e religiosos. Um típico anfitrião da região geralmente se curvava, beijava o hóspede e então oferecia a água e o servo para a lavagem dos pés. O costume também valia quando o hóspede usava sapatos, como uma forma de cortesia. No trecho em 1 Samuel aparece pela primeira vez o ato de alguém realizar a lavagem como prova de humildade. Em João 12,Maria de Betânia ungiu os pés de Jesus presumivelmente para agradecer-lhe por ressuscitar seu irmão Lázaro dos mortos [122].

Ramatís, no livro *O Sublime Peregrino*, [123] inquirido sobre se há fundamento em tal consagração, esclarece que João Batista, o profeta solitário, havia instituído algumas cerimônias com a finalidade de incentivar certas forças psíquicas nos seus adeptos através da concentração ou reflexão espiritual, pois isso impressionava os neófitos e servia para a confirma-

122 Fonte: Espiritismo Evangélico. Disponível em *https://robesio.blogstot.com/2017/06/cerimonia-do-lava-pes.html* > Acesso em 30 de set. 2021.
123 MAES, Hercílio. *O Sublime Peregrino*. 18. ed. **EDITORA DO CONHECIMENTO**, 2016, pp. 326-327.

ção da própria responsabilidade dos valores espirituais. Coloca que na época de João os símbolos, ritos, talismãs e as cerimônias ainda produziam louváveis dinamizações das forças do espírito ou impunham respeito ou temor religioso. Diz ele: "eram recursos que serviam como "detonadores" das forças psíquicas, produzindo profunda influência esotérica nos seus cultores, assim como ainda hoje fazem os sacerdotes para o incentivo da fé e do respeito dos fiéis, como são os cânticos, perfumes, a música e o luxo nas igrejas".

Afirma Ramatís que, por este motivo, João Batista instituiu a cerimônia do batismo para os neófitos, cuja imersão nas águas dos rios e dos lagos funcionava como um catalisador das energias espirituais, deixando a convicção íntima e benfeitora da "lavagem dos pecados" e, consequentemente, renovação do espírito para o futuro; que mais tarde João Batista também organizou a cerimônia do "lava-pés", que simboliza um evento fraterno e humilde, como um sentido de igualdade ou denominador comum entre todos os discípulos e o próprio Mestre. Sobre a cerimônia em si comenta que ela eliminava a condição social, o poder político, a superioridade intelectual ou a diferença entre os adeptos e o Mestre, atuantes sobre a mesma bandeira espiritual, pois no momento simbólico do 'lava-pés' o senhor seria irmão do servo e também o serviria, porque ambos eram herdeiros dos mesmos bens do mundo.

O instrutor universalista conclui seu esclarecimento a respeito da cerimônia dizendo, que Jesus, humilde e tolerante, aceitou ambas as cerimônias (a do batismo e a do "lava-pés") com todo o enlevo de sua alma e deixou-se batizar pelo Batista, no *rio Jordão*, tendo mais tarde, já no limiar da grande ceia, dado também forma à cerimônia tradicional do *lava-pés* entre os seus próprios discípulos, como um ensejo simbólico que deveria evocar os elos de amizade entre todos, mas que os seus fiéis amigos ficaram bastante preocupados com o fato de ele antecipar a cerimônia tradicional do "lava-pés" para a quarta-feira, a qual deveria ser feita comumente na sexta-feira da semana da Páscoa.

João, no capítulo 13 do seu Evangelho, descreve a cerimônia da seguinte maneira:

> Ora, antes da Festa da Páscoa, sabendo Jesus que era chegada a sua hora de passar deste mundo para o Pai, tendo amado os seus que estavam no mundo, amou-os até ao fim. Durante a ceia, tendo já o diabo posto no coração de Judas Iscariotes, filho de Simão, que traísse a Jesus, sabendo este que o Pai tudo confiara às suas mãos, e que ele viera de Deus, e voltava para Deus, levantou-se da ceia, tirou a vestimenta de cima e, tomando uma toalha, cingiu-se com ela. Depois, deitou água na bacia e passou a lavar os pés aos discípulos e a enxugar-lhos com a toalha com que estava cingido. Aproximou-se, pois, de Simão Pedro, e este lhe disse: Senhor, tu me lavas os pés a mim? Respondeu-lhe Jesus: O que eu faço não o sabes agora; compreendê-lo-ás depois. Disse-lhe Pedro: Nunca me lavarás os pés. Respondeu-lhe Jesus: Se eu não te lavar, não tens parte comigo. Então, Pedro lhe pediu: Senhor, não somente os pés, mas também as mãos e a cabeça. Declarou-lhe Jesus: Quem já se banhou não necessita de lavar senão os pés; quanto ao mais, está todo limpo. Ora, vós estais limpos, mas não todos. Pois ele sabia quem era o traidor. Foi por isso que disse: Nem todos estais limpos. Depois de lhes ter lavado os pés, tomou as vestes e, voltando à mesa, perguntou-lhes: Compreendeis o que vos fiz? Vós me chamais o Mestre e o Senhor e dizeis bem; porque eu o sou. Ora, se eu, sendo o Senhor e o Mestre, vos lavei os pés, também vós deveis lavar os pés uns dos outros. Porque eu vos dei o exemplo, para que, como eu vos fiz, façais vós também. Em verdade, em verdade vos digo que o servo não é maior do que seu senhor, nem o enviado, maior do que aquele que o enviou. Ora, se sabeis estas coisas, bem-aventurados sois se as praticardes. (João 13:1-17).

Jesus, governador espiritual do Planeta Terra, responsável pela sua humanidade encarnada e desencarnada, cuja população ultrapassa a trinta bilhões de almas e compõe o rebanho que o "Pai lhe confiou e do qual ele afirma que nenhuma só ovelha se perderá" (Mateus, 18: 12-14), declara que "amou os seus que estavam no mundo até o fim", isto é, as suas ovelhas que estavam encarnadas e com as quais ele conviveu até o fim de sua existência física, que ele sabia estar prestes a findar-se, pois "era chegada a sua hora de passar deste mundo para o Pai".

Wilkon, [124] comentando sobre esta passagem do Evangelho de João, observa que o texto grego não fala em "traição" de Judas, mas em "entrega". Judas "entregou" Jesus, e que uma análise atenta mostra que Judas cumpriu um papel que alguém teria que cumprir, esclarece ainda a inegável hostilidade do Evangelho de João, em relação aos judeus, pela animosidade que havia entre os judeus e os cristãos na época em que seu Evangelho foi escrito – e Judas era o único judeu entre os doze discípulos, os outros eram galileus como Jesus, o que corrobora o fato de João ser o único evangelista a chamá-lo de ladrão (João, 12:5).

Expõe ainda em sua análise textual que, para que o ensino de Jesus chegasse até nós, sobrevivendo aos séculos, atravessando grandes mudanças na humanidade, era preciso que um fato extraordinário imortalizasse a sua memória, fato este que foi a sua morte nas condições em que ela se deu. Afirma também que não há como negar que isso tenha sido planejado, nem ignorar que Jesus preparou-se para morrer da forma que morreu, e para que o seu objetivo tivesse êxito era necessária a colaboração de alguém muito próximo a ele.

Interessante a expressão utilizada por João, em relação a Jesus, em 13: 3: [...] "e que ele viera de Deus, e voltava para Deus" [...], porque numa análise mais ampla sintetiza a trajetória evolutiva de todos nós que, em um dado momento, que se perde na noite do tempo cósmico, passamos a existir como centelha emanada de Deus e, como tal, iniciamos uma longo caminhada de experimentações pelos reinos inferiores da natureza, etapa já concluída; pelo reino hominal no qual nos encontramos e alcançaremos, num longínquo futuro, o reino angelical e o arcangelical, quando então, nos reintegraremos à Mente Divina.

Apenas o Evangelho de João narra a cerimônia de Jesus que, num ato de demonstração de humildade, lavou os pés de seus discípulos; contudo, a sua narrativa diverge em alguns

124 WILKON, Morel Felipe. Satanás e Jesus eram parceiros? Disponível em: *https://www.espiritoimortal.com.br/satanas-e-ejesus-eram-parceiros/* > Acesso em 30 de set. 2021.

aspectos daquela relatada por Ramatís, em *O Sublime Peregrino* [125], acessando os ***Registros Akáshicos***, como vemos:

> [...] Em virtude de o Mestre ter antecipado a cerimônia do *lava-pés* para a noite de quarta-feira, pois estava certo de ser preso de um momento para o outro, então ambas as cerimônias [126] foram feitas na mesma ocasião. Ao entardecer, os discípulos reuniram-se no aposento mais espaçoso da residência de Jeziel, o qual comemoraria a sua ceia de Páscoa no dia seguinte, quinta-feira, o dia exato. Após as orações e os cânticos de hinos, que eram motivo de alta espiritualidade no movimento cristão, os servos de Jeziel serviram a ceia frugal de Páscoa, com a prodigalidade dos tradicionais pães asmos e o vinho tinto, que Jesus abençoou como era de praxe. Em seguida, aproveitou aqueles momentos tão expressivos para dirigir-se aos discípulos, referindo-se a motivos íntimos e saudosos. Em linguagem clara, simples e de profunda exatidão, que difere muito dos relatos empolados de certas passagens dos evangelistas, o Mestre Jesus assim resumiu o seu pensamento a todos: "Rendo graças ao Pai que me permite estar ainda convosco nesta festividade da Páscoa, pois sei pela voz do Espírito que não tarda a se iniciar a minha paixão. Não tornarei mais a comer convosco nem me será dado a beber do próximo vinho. No entanto, cumprida será a vontade de meu Pai que está nos céus, pois minha hora é chegada; mas eu vos procederei na Galileia e vos esperarei no Reino de Deus. Eram nove horas da noite, quando Jesus, levantando-se da mesa, tirou a túnica que lhe ia aos pés e, "pegando numa toalha, cingiu-a em torno da cintura, e se pôs a lavar os pés de seus discípulos, enxugando-os com a toalha com que estava cingido" [127].

Prossegue Ramatís à página 328:

> Depois de ter enxugado os pés de seus discípulos, auxiliado por Tiago, Jesus ergueu-se e alçou a voz,

125 MAES, Hercílio. *O Sublime Peregrino*, 18. ed. **EDITORA DO CONHECIMENTO**, 2016, p. 326.

126 Ramatís se refere à "santa ceia" que precedia a cerimônia do "lava-pés", habitualmente realizada na sexta-feira, chamada a véspera "do grande sábado" da Páscoa.

127 João, 13: 4, 5.

exortando-os para que prosseguissem corajosamente na divulgação da "Boa Nova" e do "Reino de Deus", e jamais se conturbassem mesmo diante da morte. Relembrou-lhe os motivos de sua amizade e união espiritual, revivendo os ensinamentos de libertação do Evangelho, enquanto recomendava o amor incondicional, o auxílio à pobreza, o perdão aos algozes [...] Ante a dor, o espanto e a consternação de seus discípulos, que lhe bebiam as palavras repassadas de melancolia e pesar, Jesus voltou-se para Pedro, cujas faces estavam marcadas de profunda angústia e disse-lhe: "Pedro, doravante tu serás um pescador de homens, e não de peixes! Sobre tua fé e sinceridade eu fundamento a minha igreja! Seja-te o dom do bom falar, do bom ouvir e do bom agir para o serviço do Senhor!". Pedro caiu de joelhos, os olhos marejados de lágrimas perante o Mestre Amado, enquanto os demais apóstolos mal podiam esconder sua comoção. Judas, no entanto, estava cabisbaixo e roído de ciúmes, incapaz de esmagar o orgulho e o amor próprio feridos ante qualquer distinção ou preferência no colégio apostólico [...].

Quanto à resistência de Pedro em admitir que o Mestre lhe lavasse os pés, como fazia aos demais discípulos, são por demais esclarecedoras as palavras de Ramatís, à página 320, do livro *O Sublime Peregrino*:

> Tratava de uma cerimônia habitual entre Jesus e seus discípulos desde o tempo de João Batista; por isso; não havia motivo para a recusa de Pedro. Em verdade, durante o momento do lava-pés o Mestre o fazia a cada discípulo, explicando-lhes as razões do ato e o que significava o seu simbolismo para o futuro. E o próprio Jesus, repetindo a indagação de todos os anos, após a cerimônia, assim se expressava aos discípulos, dizendo: *Sabeis o que vos fiz?* [128] E conforme narram os evangelistas, eis o seu pensamento a respeito do lava-pés: "Desde que vós me considerais o Mestre e o Senhor, e eu assim o aceito e vos lavo os pés, deveis vós também lavar os pés uns aos outros, porque eu vos dei o exemplo; e assim o fareis aos vossos discípulos quando vos fizer mestres. Perante o Pai o Mestre não

128 João, 13: 12

> é maior do que o servo; nem o servo é maior do que o mestre. Aquele que lava os pés do discípulo ou do servo é então grande perante o Pai, porque por si mesmo se faz o menor [129].

Discorrendo ainda a respeito da cerimônia do "lava-pés" Ramatís afirma que, afora João, os demais apóstolos ignoravam que a cerimônia já fazia parte integrante do rito dos essênios como fase iniciática característica do discípulo que deixa o mundo profano para ingressar no "Círculo Interno" do mundo espiritual, e que além daquele sentido de humildade, explicado por Jesus, como deliberada demonstração de que o "menor" na Terra é o "maior" no Reino de Deus, ainda existia a significação de que só o Mestre sabia consolar os seus discípulos e servos e aliviar-lhes as dores e as vicissitudes sofridas nos caminhos e nas sendas do mundo transitório da carne.

---

129 As palavras de Jesus, reproduzidas por Ramatís, são bastante semelhantes àquelas que constam em João, 13: 13-16.

A traição de Judas...

Quando se analisa atentamente as narrativas dos Evangelhos no que se refere à participação de Judas no processo que culminou com a crucificação de Jesus, percebe-se que elas são bastante conflitantes entre si, o que nos leva a crer que houve ajustes dos textos para se alcançar determinados objetivos, principalmente adequar os acontecimentos às profecias que, supostamente, os teriam previsto.

Ramatís, em *O Sublime Peregrino* [130], comentando sobre as diferenças entre os relatos dos Evangelhos com relação à vida de Jesus, afirma que entre o que os evangelistas ouviram, disseram ou escreveram, e os relatos que chegaram aos nossos dias, há contradições, por vezes, flagrantes e absurdas, devido à intervenção indébita que os quatro Evangelhos sofreram posteriormente, para atender a certos interesses religiosos, e que não podemos por isso acoimar os evangelistas de capciosos, nem de levianos, já que também não podemos identificar a realidade exata de suas narrações.

Paulo da Silva Neto Sobrinho, [131] fazendo uma análise crítica de tais narrativas, assinala evidentes conflitos entre os evangelistas praticamente em todas as situações em que a figura de Judas é por eles mencionada; como exemplos:

> A) Quanto à questão da combinação entre Judas e os sacerdotes para a entrega de Jesus, Mateus afirma que foi Judas quem pediu dinheiro para entregar o Mestre

---

130 MAES, Hercilio/Ramatís (espírito). *O Sublime Peregrino*. 18. ed. Limeira: **EDITORA DO CONHECIMENTO**, 2016, p. 254.

131 DA SILVA NETO SOBRINHO, Paulo. Estudando o Espiritismo. A traição de Judas – uma história mal contada. Disponível em: *https://espiriteiro.blogspot.com/2010/03/traicao-de-judas-uma-historia-mal.html* > Acesso em 05 de out. 2021.

(26: 15), enquanto Marcos (14:11) e Lucas (22:5) dizem que a iniciativa de recompensar Judas pelo seu ato ignominioso partiu dos sacerdotes;

B) Lucas (22: 3- 6) menciona que o acordo para a entrega de Jesus entre Judas e os sacerdotes deu-se antes da festa dos *Ázimos* e, portanto, antes da *Ceia da Páscoa*, enquanto que para João (13: 26-29) este fato se deu após a ceia;

C) A forma como Jesus relata aos discípulos quem o iria trair é descrita de uma maneira diferente por Mateus (26: 23-24) em relação a João (13: 26);

D) Mateus (26: 48) e Marcos (14: 44) dizem que Judas havia combinado com os sacerdotes um sinal – o beijo – para que pudessem identificar quem era Jesus. Lucas, apesar de não relatar absolutamente nada sobre esse sinal, diz que Judas aproximando-se de Jesus o saúda com um beijo (Lucas 22: 47). Enquanto que João não fala de ter havido uma combinação de sinal, nem que Jesus teria dito algo a respeito e nem mesmo coloca Judas beijando a Jesus, já que, para ele, foi o Mestre que se adiantou aos guardas acompanhados de Judas se identificando a eles como sendo Jesus, o Nazareno, a quem procuravam (João 18,3-5);

E) Mateus é o único evangelista a mencionar de que forma Judas deu cabo à sua vida, enforcando-se, tomado pelo remorso de ter traído o seu Mestre (Mateus, 27: 5), nenhum dos outros apresenta uma linha sequer sobre Judas ter se arrependido do ato praticado;

O espírito Ramatís, à página 301, do livro *O Sublime Peregrino*, descreve a personalidade de Judas Iscariotes e a sua participação no colégio apostólico, afirmando que Judas, filho de Simão Iscariotes, era retraído e indócil, que vivia entre os apóstolos, mas não comungava com os seus sentimentos, pois não escondia os seus ciúmes pela preferência que Jesus devotava a Pedro, a João e a Tiago, o maior. Diz que Judas movimentava os bens da comunidade, da qual era tesoureiro, em negócios especulativos e até perigosos, mais preocupado com o êxito material do Cristianismo do que com a sua mensagem essencialmente espiritual.

À página 302 do referido livro, menciona que Judas sentia-se atraído pelos ricos e poderosos e que não perdia ensejo de doutrinar os afortunados, políticos influentes e sacerdotes de Jerusalém, que alegava aos companheiros que não poderia haver sucesso no movimento cristão libertador, através de criaturas famintas, maltrapilhas e ignorantes, que constituíam a corte de Jesus, Coloca que Judas fazia promessas atraentes e assumia compromissos prematuros, prometendo ótimas regalias para os candidatos que fizessem o seu ingresso no reino de Israel, como "fundadores", pois o Messias estava prestes a se revelar e seria o supremo mandatário do povo judeu, e ainda que, em verdade, ele não confiava no êxito da causa cristã pela interferência de legiões angélicas, como admitiam quase todos os seus partidários, nem acreditava que isso se realizaria por força das profecias, razão por que há muito tempo buscava atrair homens de temperamento enérgico e experimentados, a fim de assegurar a vitória final.

Conclui, narrando a participação de Judas no movimento, mencionando que ele não consultava os demais companheiros em suas empreitadas ocultas, pois pretendia precipitar os acontecimentos e assim obrigar Jesus a agir, de imediato, no sentido de fazê-lo marchar para Jerusalém, onde então viria às suas mãos o poder da Judéia, e que, de caráter dúbio e utilitarista, ambicioso e imprudente, ele não acreditava no "reino de Deus" expresso pela forma espiritual que exigia o sacrifício e a renúncia dos homens.

Como se pode ver pela narrativa de Ramatís, Judas equivocou-se completamente quanto ao sentido da mensagem de Jesus. Reconhecia no Mestre um líder e comandante inato capaz de arregimentar multidões pela eloquência de suas palavras e pela força de suas ideias e acreditava que o "reino de Deus" prometido seria definitivamente implantado quando, em Jerusalém, Jesus, com a força inflamante de seu verbo, conclamasse todos os judeus para expulsarem os romanos e destronarem Herodes. Via-se, antecipadamente, pelas suas iniciativas próprias, como personagem importante nessa conquista, a quem Jesus ficaria eternamente agradecido.

Percebe-se, portanto, que não houve intenção deliberada de Judas em entregar Jesus, mas o seu ingênuo envolvimento com os sacerdotes e autoridades judaicas que, lhe conhecendo as fraquezas de caráter e a ambição desmedida, conseguiram obter dele informações valiosas que decretaram a prisão e a condenação do Messias.

Mas, passemos à narrativa do apóstolo João em que Jesus, supostamente, incrimina diretamente Judas de ser aquele que iria traí-lo:

> Em verdade, em verdade vos digo: quem recebe aquele que eu enviar, a mim me recebe; e quem me recebe aquele que me enviou. Ditas estas coisas, angustiou-se Jesus em espírito e afirmou: Em verdade, em verdade vos digo que um dentre vós me trairá. Então, os discípulos olharam uns para os outros, sem saber a quem ele se referia. Ora, ali estava conchegado a Jesus um dos seus discípulos, aquele a quem ele amava; a esse fez Simão Pedro sinal, dizendo-lhe: Pergunta a quem ele se refere. Então, aquele discípulo, reclinando-se sobre o peito de Jesus, perguntou-lhe: Senhor, quem é? Respondeu Jesus: É aquele a quem eu der o pedaço de pão molhado. Tomou, pois, um pedaço de pão e, tendo-o molhado, deu-o a Judas, filho de Simão Iscariotes. E, após o bocado, imediatamente, entrou nele Satanás. Então, disse Jesus: O que pretendes fazer, faze-o depressa. Nenhum, porém, dos que estavam à mesa percebeu a que fim lhe dissera isto. Pois, como Judas era quem trazia a bolsa, pensaram alguns que Jesus lhe dissera: Compra o que precisamos para a festa ou lhe ordenara que desse alguma coisa aos pobres. (João 13:20-29).

É difícil aceitar a ideia de que Jesus, espírito angelical, definitivamente liberto de todo e qualquer sentimento menos digno capaz de macular o seu puro amor pela humanidade, seria capaz de tal insinuação e acusação a Judas, expondo-o a uma situação delicadamente constrangedora diante de seus demais companheiros. Acreditamos que era certo que Jesus sabia de suas maquinações junto ao sacerdócio e autoridades judaicas, bem como ao fato de que isso poderia levá-lo a acabar se traindo e comprometendo o movimento; compreendia, contudo, o coração de Judas, o inferno astral em que se debatia e as dificuldades que enfrentava.

Judas, pela sua imprevidência e atração pelo poder humano, acabaria sendo utilizado como peça de engrenagem ou instrumento nos acontecimentos, cujo desfecho Jesus pressentia estar próximo, e que iria exigir o seu sacrifício, regando com o seu sangue as tenras sementinhas da *Boa Nova* que começavam a germinar nos corações para que num futuro produzissem frutos em abundância. Caso Jesus tivesse que fazer alguma advertência a Judas, evidentemente a faria a sós com o discípulo, sem expô-lo à ira de seus colegas de apostolado e, neste contexto, jamais o Mestre iria vê-lo como um traidor deliberado, mas como alguém que poderia cair em suas próprias armadilhas ao confiar, movido pela sua cobiça aos poderes humanos, nos políticos religiosos que dominavam o seu próprio povo.

Deixemos, contudo, que Ramatís, em *O Sublime Peregrino*, nos elucide quanto a esta narrativa do apóstolo João. Diz o mestre universalista, à página 330 do referido livro:

> Entre os diversos acontecimentos narrados pelos evangelistas e sumariamente modificados posteriormente pelos exegetas católicos, a cena da acusação indireta de Jesus contra Judas, se fosse verdadeira, seria um dos mais graves e censuráveis desmentidos aos seus profundos sentimentos de amor, ternura e perdão tão sublimes, que, nos extremos de sua agonia, no ato de sua crucificação, quanto aos seus algozes, o fez dirigir ao Pai aquela rogativa de misericórdia infinita: *Pai! Perdoai-lhes porque eles não sabem o que fazem*. É quase inacreditável que, depois de se configurar o Amado Mestre como a maior expressão de amor e de renúncia na Terra, o reduzam ao caráter de um homem comum ressentido e intrigante, pecando pelo julgamento antecipado da "possível" traição de um discípulo. [...]. Em tal acontecimento tão comprometedor, faltaria ao Mestre, sempre gentil e benevolente, até o resquício da piedade comum nas criaturas de relativa formação moral, pois ele teria acusado o seu discípulo em público, por um ato abjeto de que apenas tinha pressentimento [...]. E se "atrás" do bocado de pão molhado entrou Satanás em Judas, conforme narra João

(13:27), então é óbvio que, até aquele momento, Judas ainda não havia deliberado trair o seu Mestre, e que isso só lhe ocorreu depois que Satanás o tomou no ato da ingestão do bocado de pão molhado e abençoado ali na mesa santa.

As abençoadas mãos de Chico Xavier nos trouxeram notícias sobre o paradeiro de Judas após o seu arrependimento e seu suicídio, a sua passagem pelo *umbral*, as suas muitas reencarnações expiatórias, até redimir-se completamente de seus erros no século XV.

No livro *Crônicas de Além-Túmulo* [132], o espírito Humberto de Campos nos relata que ao visitar a cidade de Jerusalém, à noite, divisou às margens caladas do Jordão, não longe talvez do lugar sagrado onde o Precursor batizou Jesus Cristo, um homem sentado sobre uma pedra. De sua expressão fisionômica irradiava-se uma simpatia cativante. Alguém murmurou ao seu ouvido: – Sabe quem é este? Este é Judas! Judas costuma vir a Terra, nos dias em que se comemora a Paixão de Nosso Senhor, meditando nos seus atos de antanho... Sentiu-se atraído pela figura de homem que o magnetizou e percebeu que entre suas condições de espírito pecador e a perfeição dele existia um abismo enorme.

Procurou ouvi-lo, perguntando-lhe: – O senhor é, de fato, o ex-filho de Iscariotes? É uma verdade tudo quanto reza o Novo Testamento com respeito à sua personalidade na tragédia da condenação de Jesus? Após confirmar ser Judas Iscariotes, este assim lhe respondeu:

– Em parte... Os escribas que redigiram os evangelhos não atenderam às circunstâncias e às tricas políticas que acima dos meus atos predominaram na nefanda crucificação. Pôncio Pilatos e o tetrarca da Galiléia, além dos seus interesses individuais na questão, tinham ainda a seu cargo salvaguardar os interesses do Estado romano, empenhado em satisfazer as aspirações religiosas dos anciãos judeus. Sempre a mesma história. O *Sanedrim* desejava o reino do céu pelejando por Jeová, a ferro e fogo; Roma queria o reino da Terra. Jesus estava entre essas forças antagônicas com a sua pureza

132 XAVIER, Francisco Cândido/Humberto de Campos (espírito). *Crônicas de Além-Túmulo*, FEB, 1998, 218p.

imaculada. Ora, eu era um dos apaixonados pelas ideias socialistas do Mestre, porém o meu excessivo zelo pela doutrina me fez sacrificar o seu fundador. Acima dos corações, eu via a política, única arma com a qual poderia triunfar e Jesus não obteria nenhuma vitória. Com as suas teorias nunca poderia conquistar as rédeas do poder já que, no seu manto de pobre, se sentia possuído de um santo horror à propriedade. Planejei então uma revolta surda, como se projeta hoje em dia na Terra a queda de um chefe de Estado. O Mestre passaria a um plano secundário e eu arranjaria colaboradores para uma obra vasta e enérgica. Entregando, pois, o Mestre a Caifás, não julguei que as coisas atingissem um fim tão lamentável e, ralado de remorsos, presumi que o suicídio era a única maneira de me redimir aos seus olhos.

Perguntou-lhe, então, o espírito Humberto de Campos: – E chegou a salvar-se pelo arrependimento? Respondeu-lhe Judas: – Não. Não consegui. O remorso é uma força preliminar para os trabalhos reparadores. Depois da minha morte trágica submergi-me em séculos de sofrimento expiatório da minha falta. Sofri horrores nas perseguições infligidas em Roma aos adeptos da doutrina de Jesus e as minhas provas culminaram em uma fogueira inquisitorial onde, imitando o Mestre, fui traído, vendido e usurpado. Vítima da felonia e da traição, deixei na Terra os derradeiros resquícios do meu crime, na Europa do século XV. Desde esse dia, em que me entreguei por amor do Cristo a todos os tormentos e infâmias que me aviltavam, com resignação e piedade pelos meus verdugos, fechei o ciclo das minhas dolorosas reencarnações na Terra, sentido na fronte o ósculo de perdão da minha própria consciência...

Como podemos perceber por esta narrativa de Humberto de Campos, Judas, hoje, é espírito completamente redimido de seus erros e equívocos passados, compõe o quadro de abnegados trabalhadores da seara do Divino Mestre, gozando de inefável paz interior, como sói acontecer a todos os que vestem a túnica imaculada dos redimidos. A sua reencarnação na Terra, no século XV, foi como Joana D'Arc., a heroína que no comando das tropas francesas, fez com que os ingleses recuassem, abrindo espaço para a coroação do rei da França. Mais tarde, após ser torturada e acusada de heresia e feitiçaria pela Inquisição, foi condenada à fogueira, queimada viva na Praça do Mercado Vermelho, em Rouen, a 30 de maio de 1431.

As palavras finais de Judas, na entrevista concedida no além a Humberto de Campos, são por demais marcantes e nos levam à reflexão de nossas posturas e à certeza absoluta que a infinita misericórdia de Deus sempre há de proporcionar os meios para que as consciências culpadas se redimam de todos os seus erros. Diz Judas:

> [...] Em todas as homenagens a Ele prestadas, eu sou sempre a figura repugnante do traidor... Olho complacentemente os que me acusam sem refletir se podem atirar a primeira pedra... Sobre o meu nome pesa a maldição milenária, como sobre estes sítios cheios de miséria e de infortúnio. Pessoalmente, porém, estou saciado de justiça, porque já fui absolvido pela minha consciência no tribunal dos suplícios redentores. Quanto ao Divino Mestre – continuou Judas com os seus prantos – infinita é a sua misericórdia e não só para comigo, porque se recebi trinta moedas, vendendo-O aos seus algozes, há muitos séculos Ele está sendo criminosamente vendido no mundo a grosso e a retalho, por todos os preços, em todos os padrões do ouro amoedado... - É verdade – concluí – e os novos negociadores do Cristo não se enforcam depois de vendê-lo.

Lamentável que ainda hoje, em pleno século XXI, há aqueles que se sentem no direito de "malhá-lo" na odienta brincadeira que se perpetuou através do tempo. Procuramos transcrever poeticamente o seu lamento, destinado a todos os que assim continuam agindo.

O Lamento de Judas...

Por um crime que há dois mil anos cometi
Venho sendo desde então apedrejado,
Das mais vis e horrendas formas castigado
Por tê-Lo traído da forma como eu O traí.

Compreendi toda hediondez de meu crime
Ao ceder ao humano poder que fascina,
Ao manter-me surdo à mensagem Divina
De que era portador aquele ser tão Sublime.

Sofri as consequências de meu procedimento
Nos tormentos a vergastar-me a consciência.
Causticantes labaredas cuja procedência
Era a dor indócil do tardio arrependimento.

Pelos séculos afora meu grito de dor ecoou...
Então, por que a maldição do ódio acusatório,
Se a minha culpa já lavei no pranto expiatório
E se Jesus desde o princípio me perdoou?

Lamento os que me julgam de forma apressada
Suplicando a Jesus - esquecendo minhas dores.
Que os perdoe - São também "Judas traidores"
Que vilmente O traem sem receberem nada!

Se O traí por trinta moedas tive depois o zelo
De devolvê-las tomado por cruciantes dores.
Lamento pelos Seus modernos negociadores
Que nem se arrependem depois de vendê-Lo!...

Há muitas moradas na casa de meu Pai...

Após a "santa ceia", a cerimônia do "lava-pés" que a esta se seguiu, e a suposta acusação de Jesus a Judas Iscariotes como sendo aquele que o haveria de trair, um clima de tristeza e de pesarosos pensamentos tomou conta do ambiente e Jesus, pressentindo que não mais se reuniria fisicamente com todos seus amados apóstolos, o que fica evidente por suas palavras em João, 13: 33: "Filhinhos, ainda por um pouco estou convosco [...]", e já num tom de despedida antecipada faz-lhes a célebre recomendação: "Novo mandamento vos dou: que vos ameis uns aos outros; assim como eu vos amei, que também vos ameis uns aos outros. Nisto conhecerão todos que sois meus discípulos: se tiverdes amor uns aos outros" (João, 13: 34-35).

Após algumas palavras trocadas com Pedro, Jesus procura confortar os apóstolos dizendo:

> Não se turbe o vosso coração; credes em Deus, crede também em mim. Na casa de meu Pai há muitas moradas. Se assim não fora, eu vo-lo teria dito. Pois vou preparar-vos lugar. E, quando eu for e vos preparar lugar, voltarei e vos receberei para mim mesmo, para que, onde eu estiver, estejais vós também" (João 14:1-3).

A análise de tais palavras de Jesus nos leva, num primeiro momento, a interpretar a "casa do Pai" como o universo infinito, imensurável, e as "muitas moradas", os bilhões e bilhões de mundos nele disperso, abrigando vidas não somente no plano físico, em suas múltiplas dimensões físico-energéticas, mas também nos planos espirituais adjacentes, tendo, portanto, Jesus proclamado a realidade incontestável da *pluralidade dos mundos habitados*. Contudo, no contexto em que tais palavras foram ditas, as mesmas poderiam também referir-se exclusivamente ao orbe terrestre, neste caso considerado a "casa do Pai", sendo as "muitas moradas" os diferentes planos espirituais de evolução nela contidos, abrigando espíritos desencarnados (e também encarnados no caso do plano físico) nos mais diferentes graus evolutivos.

Ao dizer aos apóstolos que iria preparar-lhes o lugar que os receberia no futuro para que onde ele estivesse seus amigos diletos estivessem também, Jesus não poderia estar se referindo a outro planeta, outra morada do universo, e sim à própria Terra, à esfera ou plano espiritual para onde naturalmente se deslocaria após sua desencarnação, plano espiritual de altíssima frequência vibratória na qual os seus apóstolos, por ora, não estariam aptos a habitar. Tais palavras podem também ser interpretadas como de encorajamento aos seus apóstolos para que, na condição de servos fiéis ao seu Evangelho, ao longo dos séculos, pelas reencarnações sucessivas, alcançassem um dia condições espirituais de com ele conviver no plano espiritual que lhe é próprio.

Allan Kardec, em *O Evangelho Segundo o Espiritismo* [133], coloca que independente da diversidade dos mundos, "as muitas moradas na casa do Pai" podem também significar o estado bem aventurado ou infeliz do espírito na erraticidade, conforme seja mais ou menos depurado e desatado dos laços materiais, condições que podem variar ao infinito e que, nesse sentido, podem também simbolizar muitas moradas, embora não circunscritas nem localizadas, considerando, portanto, também as condições vibratórias do espírito como sua morada peculiar.

O escritor e estudioso do espiritismo Mário Frigéri, no livro intitulado *As Sete Esferas da Terra* [134], baseado na obra *Cidade no Além* [135] e nas obras do espírito André Luiz, assim denomina as sete esferas espirituais que interpenetram

133 KARDEC, Allan. *O Evangelho Segundo o Espiritismo*. 131. ed. (Edição histórica. Brasília: FEB, 2013, pp. 57-58.

134 FRIGÉRI, Mário. *As Sete Esfera da Terra*. 2. ed. Brasília: FEB, 2001, pp. 31-71.

135 XAVIER, Francisco Cândido/ CUNHA, Heigorina/ Lucius (espírito)/ André Luis(espírito). *Cidade no Além*, Araras: IDE, 2007, 82p.

e se estendem além da superfície do planeta, constituindo-se moradas de espíritos em diferentes graus evolutivos: 1ª – *Esfera das Trevas*; 2° - *Esfera dos Abismos* (ambas intraterrenas, abrigando espíritos cristalizados na crueldade e no mal); 3ª – *Crosta terrestre*; 4ª – *Umbral* (inicia na própria crosta e a circunda por longa extensão com vários subplanos); 5° - *Esfera das Artes, Cultura e Ciências*; 6ª – *Esfera do Amor Fraterno Universal* e 7ª – *Esfera das Diretrizes do Planeta* (onde se encontra o governo do planeta sob o comando de Jesus e seus prepostos diretos). Esclarece que estas esferas se interpenetram segundo uma linha ascendente de evolução que tem origem no interior do planeta (menor evolução) e se projeta para a periferia. O que as diferencia são suas frequências vibratórias específicas, de forma que seus habitantes possuem padrões vibratórios compatíveis com cada uma delas.

As religiões orientais, a yoga, a teosofia, a tradição esotérica, também nos ensinam há muito tempo que existem no universo sete "planos de evolução" ou "sete planos de consciência" rotulados de diferentes terminologias (planos, céus, reinos, esferas, lokas etc.). Usaremos neste estudo as denominações adotadas no livro *Missão Planetária*[136], coordenado pelo espírito Ramatís: 1° *Plano Físico* (apresenta o subplano *Etérico*); 2° *Plano Astral* (subdividido em: 2.1 – *Astral inferior*: abrangendo as duas esferas intraterrenas e o *Umbral* da classificação de Mário Frigéri; 2.2 – *Astral intermediário* e 2.3 – *Astral superior);* 3ª *Plano Mental* (subdividido em: 3.1 – *Mental Inferior ou Concreto* e 3.2 – *Mental Superior ou Intuitivo*, também denominado de *Plano Causal*); 4° - *Plano Búdico* (os espíritos que o habitam são conhecidos como *pré-angelicais*); *5° Plano Nirvânico* (espíritos angelicais); 6° *Plano Paranirvânico* (espíritos pré-arcangelicais) e 7° *Plano Mahaparanirvânico* (espíritos arcangelicais). Eis as "muitas moradas" circunscritas à "casa do Pai", o planeta Terra, às quais poderia Jesus ter se referido.

Referindo-nos agora ao universo e aos mundos que o povoam, reflitamos sobre as palavras de Jesus – "Na casa de

136 HAMOD (espírito) O Sistema solar: criações, dimensões e vida. In: MENDONÇA, Sávio/Ramatis (Coord.) *Missão Planetária* – O princípio, a evolução e o princípio da humanidade. 1. ed. Limeira: **EDITORA DO CONHECIMENTO**, 2016, pp. 49-56.

meu Pai há muitas moradas" – diante de alguns números que a própria ciência nos oferece, para respondermos à seguinte questão: – Será que somente o planeta Terra teria o privilégio de abrigar vida inteligente?

A Terra é um dos menores planetas do sistema solar, sendo maior apenas que Mercúrio e Marte, fato que por si só já demonstra a sua relativa insignificância no nosso sistema. O nosso sol que tem um volume 1,3 milhão de vezes maior que o da Terra, não passa de uma estrela de quinta grandeza na Via Láctea, galáxia na qual ele se situa e onde se estima existirem cerca de 100 bilhões de sois [137], alguns com diâmetro mais de 1500 vezes maior que o nosso. Todavia, acreditam os cientistas que existam cerca de 100 bilhões de galáxias no universo [138] e, se estimarmos, para cada uma delas, também 100 bilhões de estrelas, totalizaremos algo ao redor de 10^{22} estrelas no cosmo, muitas delas com planetas orbitando ao seu redor e satélites orbitando ao redor desses.

Tal elucubração mental nos levaria facilmente à ordem dos setilhões de astros dispersos no universo infinito, a imensurável "casa do Pai", o que torna verídica a afirmação de que para cada grão de areia na Terra existem dez estrelas no céu [139]. Diante destes números como conceber que somente a Terra que, comparativamente, não passaria de um grão de areia ao longo de toda a extensão das praias do litoral brasileiro, teria o privilégio de abrigar em seu seio vida inteligente?

Na questão 55 de *O Livro dos Espíritos* [140] Allan Kardec indaga aos espíritos superiores: – São habitados todos os globos que se movem no espaço? Responderam os espíritos: "Sim e o homem terreno, está bem longe de ser, como supõe, o primeiro em inteligência, bondade e em perfeição. Entretanto há homens que se têm por espíritos muito fortes e que imaginam pertencer a este pequenino globo o privilégio de conter

---

137 Fonte: Ciência online. Quantas estrelas têm a Via Láctea? Disponível em: *www.ciencia-online.net/2014/06/quantas-estrelas-tem-via-lactea.html* > Acesso em 10 de out. 2021.

138 Fonte: Planetário. Quantas galáxias existem no universo? Disponível em: *http://planeta.rio/quantas-galaxias-existem-no-universo/* > Acesso em 11 de out. 2021.

139 Fonte: Estudo há mais estrelas do que grãos de areia. Disponível em: *https://www.bbc.com/portuguese/ciencia/story/2003/07/030722_estrela2cg* > Acesso em 11 de out. 2021.

140 KARDEC, Allan. *O Livro dos Espíritos*. 83. ed. Rio de Janeiro:FEB, 2002, p.69.

seres racionais. Orgulho e vaidade! Julgam que só para eles criou Deus o universo".

Kardec, em complementação à resposta dada, acrescenta:

> Deus povoou de seres vivos os mundos, concorrendo todos esses seres para o objetivo final da Providência. Acreditar que só os haja no planeta que habitamos fora duvidar da sabedoria de Deus, que não fez coisa alguma inútil. Certo, a esses mundos há de Ele ter dado uma destinação mais séria do que a de nos recrearem a vista. Aliás, nada há, nem na posição, nem no volume, nem na constituição física da Terra, que possa induzir à suposição de que ela goze do privilégio de ser habitada, com exclusão de tantos milhares de milhões de mundos semelhantes.

Entretanto, se assim é, muitos certamente questionarão o fato de até o momento as sondas enviadas para explorar o universo não terem detectado sinais de vida, principalmente no nosso vizinho, Marte, que tem sido um dos mais explorados. Teriam, então, se equivocados os espíritos Humberto de Campos [141], Maria João de Deus [142] e Emmanuel [143], que pela mediunidade de Chico Xavier nos trouxeram informações da vida que existe em Marte, os dois primeiros narrando detalhes da visita que realizaram no planeta vermelho e o último confirmando que lá existe civilização em estágio evolutivo superior à nossa? Seria pura fantasia, utopia de Ramatís, a sua obra *A Vida no Planeta Marte e os Discos Voadores* [144], ditada ao médium Hercílio Maes?

Evidentemente que não, o que acontece é que o plano físico da Terra e dos demais planetas do universo, onde vivem os espíritos encarnados e se processa a vida biológica, apresenta diversas dimensões físico-energéticas que se interpenetram, cada uma com sua frequência vibratória específica, das mais grosseiras às mais sutis. Em muitas dessas dimensões existe

141 XAVIER, Francisco Cândido/Humberto de Campos (espírito). *Novas Mensagens*. Especial Edição. Brasília: FEB, 2011, 160p.

142 XAVIER, Francisco Cândido/Maria João de Deus (espírito). *Cartas de uma Morta*. 14. ed. São Paulo: LAKE, 2002, pp. 174-182

143 XAVIER, Francisco Cândido/Emmanuel (espírito). *Emmanuel*. 1. ed. Rio de Janeiro: FEB, 1938.

144 MAES, Hercílio/Ramatís (espírito). *A Vida no Planeta Marte e os Discos Voadores*. 9. ed. Limeira: **EDITORA DO CONHECIMENTO**, 1987, 346p.

vida, de forma que, os que a habitam, percebem e veem a vida e as coisas dos que vivem em dimensões vibratoriamente inferiores à sua, mas não dos que vivem em dimensões vibratoriamente superiores, que são inacessíveis aos seus sentidos físicos, assim como aos seus instrumentos. O mesmo acontece com os espíritos desencarnados que, por viverem no plano astral, de frequência vibratória mais alta que o plano físico, podem observar-nos, não acontecendo o mesmo conosco.

A vida na Terra ocorre na mais baixa frequência energética do plano físico, na sua "primeira dimensão físico-energética" [145], a mais densa, a única tangível e perceptível aos nossos sentidos e à nossa instrumentação física, entretanto, em expressivo número de planetas habitados do universo, a vida biológica (humana, animal e vegetal) se manifesta em dimensões físico-energéticas superiores, completamente imperceptível à nossa instrumentação físico-astronômica que, como já explicado, atua apenas na primeira dimensão onde, nesses planetas, existe apenas a estrutura física mineral, sendo estéreis de vida biológica.

Em Marte, cuja humanidade vive na quarta biodimensão físico-energética, e nos demais planetas do Sistema Solar, a vida se manifesta em dimensões mais elevadas, e é este fato que explica o malogro das missões enviadas da Terra para descobrir vida em Marte e em outros planetas. Tal acontecimento somente se realizará quando no planeta visitado a vida que lá exista também ocorrer em dimensão físico-energética semelhante à da Terra. Afirma o espírito Hamod, à página 65 do livro *Missão Planetária*:

> Em planetas fora do Sistema, há vida similar à vossa na primeira dimensão física, mas a grande maioria dos irmãos desses orbes ainda não têm capacidade tecnológica para chegar à Terra, assim como os terráqueos ainda não têm condições tecnológicas de visitá-los [...].

145 As dimensões físico-energéticas do plano físico não devem ser confundidas com o que se denomina também de dimensão nas relações da física terrena convencional, ou seja, dimensão de altura, comprimento e largura, existentes dentro de qualquer dimensão física. O termo aqui empregado refere-se a padrões físicos de frequências vibratórias diversas, das mais densas às mais sutis. (*Missão planetária: o princípio, a evolução e o futuro da humanidade*. Mendonça Sávio/ Ramatis (espírito). **EDITORA DO CONHECIMENTO**, 1. ed. 2016, p. 59).

A ciência terrena, analisando amostras geológicas do solo de Marte, tem encontrado algumas evidências de que no passado já houve vida no planeta vermelho, o que não deixa de ser verdade, vida que se manifestava na primeira dimensão física, tal como ocorre hoje na Terra e que, gradativamente, migrou para quarta dimensão, na qual hoje se encontra, conforme nos esclarece o espírito Hamod, oriundo daquele orbe e em trabalho cooperativo com os irmãos da Terra nesta fase de transição planetária. Diz Hamod, à página 191 do livro *Missão Planetária:*

> O planeta Marte é como um "geo-irmão" um ano cósmico mais velho que a Terra. Nós, de Marte, somos o último planeta que entrou para o Conselho Administrador Interplanetário do Sistema Solar, há aproximadamente 12 mil anos atrás [146], quando nossa vida também existia na primeira dimensão física, qual ocorre atualmente no vosso orbe. Passamos por grandes transformações físicas e, aos poucos, fomos migrando para a quarta dimensão, onde nos encontramos atualmente [...].

Processo semelhante ao que ocorreu em Marte também se dará na Terra que, após concluir o processo de transição em andamento, dará início à construção da futura morada de seus habitantes na quarta dimensão em concomitância com sua promoção para mundo de regeneração. Neste sentido, afirma Hamod à página 192 do referido livro:

> [...] Nós, marcianos, estaremos muito próximos na época da construção da futura morada terrena na quarta dimensão física, projeto que começará a ser implantado dentro de algumas décadas, com a ajuda de marcianos pioneiros, salientando que a migração de almas para a quarta dimensão terrena será lenta no início, mas se intensificará daqui a uns 200 anos, prosseguindo por 4 mil anos, com base no calendário terreno.

146 Foi na mesma época do afundamento da Atlântida, quando o planeta errante ou astro intruso passou num fluxo orbital próximo a Júpiter e Marte [...] gerando muitos cataclismos nesses planetas e, por sua força magnética, na Terra também, com a consequente inclinação de seu eixo (Nota de rodapé às páginas 191 e 192 do livro *Missão Planetária*, EDITORA DO CONHECIMENTO).

O Consolador Prometido...

Ainda no capítulo 14 do Evangelho de João, nos versículos de 15 a 17, lemos a promessa feita por Jesus de nos enviar o *Consolador*:

> Se me amais, guardareis os meus mandamentos. E eu rogarei ao Pai, e ele vos dará outro Consolador, a fim de que esteja para sempre convosco, o Espírito da verdade, que o mundo não pode receber, porque não o vê, nem o conhece; vós o conheceis, porque ele habita convosco e estará em vós.

No versículo 26, Jesus, na narrativa de João, acrescenta mais informações quanto à missão do *Consolador* entre nós: (...) "mas o Consolador, o Espírito Santo, a quem o Pai enviará em meu nome, esse vos ensinará todas as coisas e vos fará lembrar de tudo o que vos tenho dito".

Jesus, de certa forma, deixa entrever a natureza do *Consolador* quando afirma que "o mundo não o pode receber, porque não o vê, nem o conhece", e que ele estará conosco para sempre. Com tais palavras ficam descartadas as religiões e quaisquer movimentos organizados cuja atuação se dê no mundo material, pois os conheceríamos e os veríamos, além do que seriam transitórios como sói acontecer a tudo o que é do plano físico, em constante mudança, acompanhando o progresso da humanidade.

Certas correntes religiosas acreditam que o *Consolador* seja o "espírito santo" e que a promessa de Jesus teria se cumprido no *Pentecostes* (descida do "espírito santo" sobre os apóstolos e seguidores do Cristo, por meio do dom de línguas

- Atos, 2: 32-36). No entanto, tal afirmação não procede, pois conforme palavras do próprio Jesus, anotadas por João (16: 12): "Tenho ainda muito que vos dizer, mas vós não o podeis suportar agora"; os homens, milagrosamente, 52 dias após Jesus ter feito tal declaração, não iriam estar prontos e aptos a compreender a sua mensagem. O entendimento pleno dos ensinamentos de Jesus demandaria séculos e gerações, a sua promessa do envio do *Consolador* se referia a um futuro ainda distante, quando o homem se apresentasse em condições intelectuais de compreendê-los, o que não iria acontecer em 52 dias apenas. Há também os que interpretam o *Consolador* como sendo o próprio Deus.

O que Jesus não poderia dizer, pois os homens de seu tempo ainda não estavam preparados intelectualmente para entender, são as verdades que sempre existiram, mas que permaneciam veladas ao leigo, restritas apenas ao conhecimento de sacerdotes e iniciados, tais como a lei da reencarnação, aliás, que Nicodemos com todo seu cabedal de conhecimentos não conseguiu entender; a lei de causa e efeito por meio da qual, nas reencarnações sucessivas, a perfeita Justiça de Deus se manifesta dando "a cada um segundo as suas obras"; a realidade do mundo espiritual e o intercâmbio entre os dois planos de existência; a comunicabilidade dos espíritos pela porta da *mediunidade*; a pluralidade dos mundos habitados; os vários corpos do homem e os vários planos de evolução do espírito, e tantos outros assuntos para os quais, no momento apropriado, ele nos enviaria o *Consolador* para nos revelar.

Seria necessário o transcurso dos séculos até que o homem alcançasse condições intelectuais, advindas do progresso científico e cultural, para que ele estivesse apto a compreender todas essas verdades. Kardec, em *O Evangelho Segundo o Espiritismo* [147], comentando estas passagens do Evangelho de João, assim se manifesta:

> Jesus promete outro consolador: o Espírito de Verdade, que o mundo ainda não conhece, por não estar maduro para o compreender, consolador que o Pai enviará para ensinar todas as coisas e para relembrar o que o Cristo

147 KARDEC, Allan. *O Evangelho Segundo o Espiritismo*. 131. ed. (Edição Histórica). Brasília: FEB, 2013, pp. 106-107.

> há dito. Se, portanto, o Espírito de Verdade tinha de vir mais tarde ensinar todas as coisas, é que o Cristo não dissera tudo; se ele vem relembrar o que o Cristo disse, é que o que este disse foi esquecido ou mal compreendido. O Espiritismo vem, na época predita, cumprir a promessa do Cristo: preside ao seu advento o Espírito de Verdade. Ele chama os homens à observância da lei; ensina todas as coisas fazendo compreender o que Jesus só disse por parábolas. Advertiu o Cristo: "Ouçam os que têm ouvidos para ouvir." O Espiritismo vem abrir os olhos e os ouvidos, porquanto fala sem figuras, nem alegorias; levanta o véu intencionalmente lançado sobre certos mistérios. Vem, finalmente, trazer a consolação suprema aos deserdados da Terra e a todos os que sofrem, atribuindo causa justa e fim útil a todas as dores. [...] Assim, o Espiritismo realiza o que Jesus disse do Consolador prometido: conhecimento das coisas, fazendo que o homem saiba donde vem, para onde vai e por que está na Terra; atrai para os verdadeiros princípios da lei de Deus e consola pela fé e pela esperança.

É importante observar nas palavras de Kardec que ele não afirma taxativamente que o espiritismo é o *Consolador Prometido*, mas que ele veio na época predita por Jesus para realizar o que ele dissera do *Consolador Prometido*, o que não exclui o fato de que, outras religiões ou movimentos religiosos, também possam estar, em maior ou menor grau, cumprindo o mesmo papel.

O advento do espiritismo se deu em meados do século dezenove, em 1857, com o lançamento de *O Livro dos Espíritos* por Allan Kardec. A humanidade, desde a época de Jesus até essa data, passou por sucessivos movimentos culturais, filosóficos e científicos como: o Renascimento, do século XIV ao século XVII, movimento artístico que ocorreu na Europa trazendo profundas modificações nas artes e nas ciências; a Revolução Francesa, em 1789, nascida dos anseios de igualdade, liberdade e fraternidade do povo; o Iluminismo, também no século XVIII, na Europa, que pregava o uso da razão-racionalidade além de defender a liberdade política e econômica e a Revolução Industrial, entre os séculos XVIII e XIX, que culminou na substituição do trabalho artesanal pelo assalariado e nas invenções da máquina.

Tais movimentos propiciaram a ampliação dos conhecimentos humanos, preparando o homem para as novas revelações, aquelas que Jesus não podia em sua época revelar. O homem se encontrava, enfim, intelectualmente pronto para que a promessa do Mestre se cumprisse, o envio do "Consolador Prometido para nos ensinar todas as coisas e nos fazer lembrar tudo o que ele havia nos dito", e que, na sua visão futurista, sabia ele que seria adulterado em conformidade com os interesses daqueles que haveriam de se apossar da sua doutrina de luz.

Na nossa modesta interpretação vemos o *Consolador* simbolizado na plêiade de espíritos superiores, que sob o comando do *Espírito Verdade*, o próprio Jesus, e servindo-se da *mediunidade*, no momento apropriado, veio revelar aos homens as novas verdades. Assim caracterizado o *Consolador* atende aos dizeres de Jesus (os espíritos, os quais nós não vemos, por meio da *mediunidade*, estarão para sempre conosco).

Neste contexto, vemos a doutrina espírita, codificada por Allan Kardec, como sendo o mais expressivo canal, o mais fidedigno instrumento de que se valeu o *Consolador* para a materialização da promessa de Jesus na Terra, o que não impede que outras religiões que adotem o intercâmbio mediúnico possam também estar servindo ao mesmo propósito, todavia, nenhuma delas por meio da fenomenologia mediúnica popularizou aqueles ensinamentos que Jesus não podia ensinar à sua época, trazendo-os à luz do dia, como fez e faz o espiritismo cristão.

Roger Bottini Paranhos [148] chamado a opinar a respeito de ser o espiritismo, enquanto movimento religioso institucionalizado, o *Consolador Prometido* por Jesus, assim se manifestou:

> [...] O advento do Consolador Prometido por Jesus aos seus discípulos no período após a sua suposta ressurreição diz respeito a todas as comunicações espirituais

148 Médium, escritor, responsável pela implantação do projeto do "Universalismo Crístico na Terra" sob a orientação de seu mentor espiritual Hermes. Possui diversos livros publicados pela EDITORA DO CONHECIMENTO.

que o mundo receberia do plano espiritual quando chegasse o período de "Fim dos Tempos", que já vivemos desde o último quarto do século vinte. Isto independe de alguma religião específica. **No entanto, o espiritismo por ser uma religião com bastante foco no fenômeno mediúnico, desponta como uma das mais importantes manifestações do "Consolador Prometido" na Terra nesse importante momento evolutivo de nossa humanidade.** Mas precisamos entender que este advento das comunicações espirituais não se resume somente aos seguidores do espiritismo. Por todo o mundo vemos as mais diversas formas de intercâmbio com o plano espiritual entre pessoas que desconhecem o espiritismo ou entre aquelas que professam outras religiões [...] toda a forma de captação de sabedoria do Alto corresponde a manifestação do advento do "Consolador Prometido". Eis um autêntico fenômeno que não pertence a nenhuma religião e independe delas. Logo, fica fácil perceber que a mediunidade é o Consolador Prometido, e não o espiritismo. O espiritismo é uma religião que está restrita atualmente apenas ao Brasil. Ele não atende a nossa humanidade de forma global. Portanto, assim como o cristianismo não resume toda a sabedoria espiritual da humanidade, mas sim faz parte dela, o espiritismo também não resume todo o intercâmbio espiritual do planeta. Seria insensatez de nossa parte acreditar que somente ele é única e exclusivamente o "advento do Consolador Prometido" por Jesus. O plano espiritual trabalha sem rótulos. As religiões, suas crenças e denominações são coisas muito pequenas para os grandes mestres da espiritualidade [...] O advento do Consolador Prometido, que tem a finalidade de reavivar a mensagem do Cristo na Terra, portanto, não é o espiritismo, **mas, sem dúvida, o espiritismo está inserido de forma muito importante e significativa neste processo** [149] (os grifos são nossos)."

149 PARANHOS, R. B. Roger. Disponível em: *https://espiritism-universalista.webnode.com/outras-religi%C3%B5es-ou-tradi%C3%A7%C3%B5es-espirituais/* > Acesso em 17 de out. 2021.

A Negação de Pedro...

A afirmação por parte de Jesus ao apóstolo Pedro de que este haveria de negá-lo por três vezes, antes que o galo voltasse a cantar, foi feita logo após a cerimônia do "lava-pés", quando Jesus, já em tom de despedida, começa a transmitir aos apóstolos uma série de recomendações das quais, sem dúvida, a mais expressiva é o novo mandamento: "Que vos ameis uns aos outros, tanto quanto eu vos amei" [...]. (João 13: 34). Após suas palavras narra o apóstolo João o diálogo que se estabeleceu entre Jesus e Pedro e a predição de Jesus quanto à sua negação:

> Perguntou-lhe Simão Pedro: Senhor, para onde vais? Respondeu Jesus: Para onde vou, não me podes seguir agora; mais tarde, porém, me seguirás. Replicou-lhe Pedro: Senhor, porque não posso seguir-te agora? Por ti darei a própria vida. Respondeu Jesus: Darás a vida por mim? Em verdade, em verdade te digo que não cantará o galo antes que me negues três vezes" (João, 13: 36-38).

No capítulo 18: 15-18 do Evangelho de João, quando Jesus já havia sido preso pelo comandante e os guardas dos judeus e encaminhado a Anás (sogro de Caifás, o sumo sacerdote) para ser interrogado, é descrito a primeira das negativas de Pedro ao seu Mestre amado, como vemos:

> Simão Pedro e outro discípulo seguiam a Jesus. Sendo este discípulo conhecido do sumo sacerdote, entrou para o pátio deste com Jesus. Pedro, porém, ficou de fora, junto à porta. Saindo, pois, o outro discípulo, que

> era conhecido do sumo sacerdote, falou com a encarregada da porta e levou a Pedro para dentro. Então, a criada, encarregada da porta, perguntou a Pedro: Não és tu também um dos discípulos deste homem? Não sou, respondeu ele. Ora, os servos e os guardas estavam ali, tendo acendido um braseiro, por causa do frio, e aquentavam-se. Pedro estava no meio deles, aquentando-se também.

Enquanto Jesus continuava sendo interrogado por Anás, Pedro novamente foi acusado de ser um dos apóstolos de Jesus, e por duas vezes consecutivas volta a negá-lo, como se observa em João 18: 25-27:

> Lá estava Simão Pedro, aquentando-se. Perguntaram-lhe, pois: És tu, porventura, um dos discípulos dele? Ele negou e disse: Não sou. Um dos servos do sumo sacerdote, parente daquele a quem Pedro tinha decepado a orelha, perguntou: Não te vi eu no jardim com ele? De novo, Pedro o negou, e, no mesmo instante, cantou o galo.

Wilkon apresenta uma versão diferenciada daquela que comumente se atribui para a negação de Pedro que merece ser mencionada neste nosso estudo. Afirma ele:

> Muito se fala da fraqueza moral de Pedro por ter negado Jesus, mas ele negou porque acompanhou Jesus, enquanto os outros tinham fugido [...]. Mas, o fato é que, se Pedro confessasse conhecer Jesus, ele provavelmente seria preso, até porque foi ele quem feriu Malco. E, se fosse preso, perderia o contato com Jesus [...]. Mas não consideramos que a intenção de Pedro tenha sido preservar a si mesmo, mas apenas permanecer próximo do mestre. O choro de Pedro não é de remorso, mas de tristeza por ver que se cumpria o que Jesus havia previsto. Jesus disse que antes do cantar do galo Pedro o negaria por três vezes e isso se confirmou. Se isso se confirmou, também se confirmariam as demais coisas que Jesus disse que aconteceriam com ele, inclusive a sua morte. E foi por isso que Pedro chorou [150].

150 WILKON, Morel Felipe. A negação de Pedro – uma visão espírita. Disponível em: *http://www.espiritoimortal.com.br/a-negacao-de-pedro-uma-visao-espiri-*

Na negação de Simão Pedro predita por Jesus e concretizada tal como ele havia detalhado, caso tenha se dado por covardia moral de sua parte e não, como menciona Wilkon, por estratégia sua, temos que considerar que, se de fato, Pedro naqueles momentos de perseguição vacilou em sua fé, posteriormente a sua fé foi a rocha em que o Evangelho do Cristo se firmou, tendo o apóstolo por amor ao Mestre e fidelidade à sua doutrina, também sido crucificado. Assim, Pedro constitui-se exemplo a ser seguido por nós todas as vezes que vacilarmos em nossa fé, ainda extremamente débil e fragilizada.

ta/> Acesso em 5 de dez. 2021.

O Julgamento de Caifás...

Após Jesus ser interrogado por Anás acerca de seus discípulos e da sua doutrina, ocasião em que protege os seus discípulos, afirmando-lhe que ensinava na sinagoga e que falava abertamente, sugerindo mesmo que indagasse a seu respeito àqueles que o tinham ouvido, narra o apóstolo João que Anás o enviou manietado a presença de Caifás, o Sumo Sacerdote (João, 18: 24). Embora Anás não fosse oficialmente o Sumo Sacerdote, já havia ocupado esse cargo antes, e se não mais o era de direito era-o ainda de fato, o que justifica Jesus ter sido levado inicialmente à sua presença.

Ramatís, em *O Sublime Peregrino* [151], não menciona o interrogatório preliminar a que Jesus teria se submetido na casa de Anás, antes de ser conduzido para a residência de Caifás. Relata, o instrutor universalista, que após Jesus ter sido preso no *Horto das Oliveiras* foi prontamente conduzido até a residência faustosa de Caifás, na qual chegaram quando a noite já ia alta, após Jesus, ao longo do trajeto, ter tido por diversas vezes desfalecimentos, obrigando os soldados a reduzirem os passos para que ele se recuperasse e não houvesse a necessidade de arrastá-lo.

O Evangelho de João não traz maiores informações sobre o ocorrido com Jesus na casa de Caifás, menciona apenas que de lá ele foi levado para o Pretório e que isto ocorreu cedo, de manhã (João, 18: 28). Todavia, são pormenorizadas as informações narradas pelo espírito Ramatís, da página 347 a 354 do livro *O Sublime Peregrino*, a respeito do que lá aconteceu,

151 MAES, Hercílio/ Ramatis (espírito). *O Sublime Peregrino*. 18. ed. Limeira: **EDITORA DO CONHECIMENTO**, 2016, p. 347.

e que de forma reduzida transcrevemos abaixo:

Afirma Ramatís que a noite ia alta quando chegaram à casa do Sumo Sacerdote e que ali já se achava reunindo um conselho composto por 26 membros, conhecido como a "pequena corte" ou "pequeno conselho" que havia sido convocado pelo Sumo Sacerdote que possuía prerrogativa para tal. Era necessário que houvesse unanimidade no julgamento para que o caso não tivesse que ser levado ao "Grande Conselho", composto por 70 anciões e o Sumo Sacerdote. Esclarece Ramatís que Anás (a quem ele chama de Hanan), Caifás e demais parentela mobilizaram todas suas forças, manhas e fortuna, para incriminar Jesus por unanimidade, e, depois, enquadrá-lo como infrator civil, sujeito à morte pelas leis romanas. Os mesmos já haviam tomado todas as deliberações possíveis para sacrificar o perigoso rabi da Galiléia, embora tudo isso se processasse dentro dos ditames retos e dignos da Lei.

Explica que Caifás substituíra todos os juízes que haviam demonstrado a mais sutil simpatia por Jesus, nomeando dez suplentes jovens, de sua inteira confiança, aos quais ele vinha paraninfando a carreira jurídica e que tinha certeza de que as provas e os testemunhos colhidos e a peça acusatória da confissão de Judas seriam suficientes para forçar os juízes, dignos e probos, a culparem o rabi Galileu como "sedutor, profanador do Templo, inimigo da Lei, falso "rei de Israel" e sacrílego "Filho de Deus". Coloca ainda que jamais alguém foi mais ardiloso e pródigo de talento na empreitada destruidora de uma vida, como fizeram Caifás, Anás e sua parentela, temerosa de perder o comando da negociata religiosa.

À página 349, Ramatís afirma que não foram os juízes do Sinédrio que condenaram um Jesus inocente dos crimes que lhe imputavam, mas que isso decorreu da prodigalidade de provas que o Sumo Sacerdote conseguiu aliciar para convencer a corte. Descreve a participação de *Nicodemos* e *José de Arimateia,* membros do "Grande Conselho" que, por manobra de Caifás, foram substituídos à última hora. Relata que esses dois anciões, simpáticos a Jesus, convictos de que o Sinédrio condenaria Jesus, em face do sumário de culpa vultoso, ainda tentaram rápida audiência com *Pilatos,* na noite de quinta-feira, fazendo-lhe reverente apelo para que interferisse naquele julgamento que eles consideravam desfavorável para o acusado, mas que, o Procurador de Roma, que jamais colocava as solicitações alheias sobre os seus próprios interesses, alegou que não poderia influir nos negócios religiosos do Clero Judeu e que fazia votos para que tais coisas fossem resolvidas satisfatoriamente sem a sua interferência.

Quanto ao julgamento propriamente dito, relata Ramatís, à página 353, que Jesus não se encontrava atado e lhe ofereceram um banco tosco, próprio de qualquer acusado por Lei, mostrava-se pálido, exausto, febril, cambaleante, com o suor a escorrer-lhe pela barba e rogava ao Pai a graça de apressar aquele cerimonial da justiça humana para julgá-lo, pois bem sabia que ninguém tentaria absolvê-lo em face do acúmulo de provas contra si. Explica que era expressamente proibido iniciar o julgamento com qualquer acusação ao réu e que o acusado deveria ser primeiramente favorecido com a opinião formal de qualquer um dos juízes presentes, e que em cumprimento a essa norma, exclamou Caifás:

– Que se argumente em favor do acusado!

Houve a manifestação de um dos juízes anciãos formulando a sua opinião favorável ao acusado, como era de praxe, mas completamente desmotivado e numa voz quase alheia ao motivo daquele tribunal.

Na sequência, comenta Ramatís, que o Sumo Sacerdote mandou ler a peça acusatória e os relatos verbais, o que foi feito por um dos discípulos dos Conselheiros, e que, encerrada a peroração acusatória, Caifás, num tom solene e grave, assim se expressou a Jesus:

> – Jesus de Nazaré, antes que esta corte te absolva ou te castigue, depois de esgotado todos os recursos de Lei em teu favor, conforme os testemunhos de amigos, asseclas e conterrâneos, feitos sob a lisura do Santo Ofício e por vontade dos que preferiram a verdade, o certo e o acontecido, sois acusado de sacrilégio, práticas maléficas, falsas curas, mistificações de milagres, inimigo da Lei mosaica, sacrílega intitulação de "Filho de Deus" a abominável de "Rei de Israel". Comprovou-se, e este juízo investigou, que condenas publicamente as taxas,

> as oblatas e os sacrifícios a Jeová e tentas empobrecer a arca sagrada do Templo, pelos desmandos dos teus discípulos pisoteando vendeiros, bens e oferendas num dos maiores insultos contra o clero Hebreu. Apresentas-te como o Messias Salvador, iludindo o povo com imposturas e promessas do Reino de Deus, pregando a verdade com a aparência do sobrenatural e dos atos impossíveis. Usas o entorpecente da fascinação para atrair as herdades das viúvas e dos órfãos e dos fanáticos; da sedução, para o domínio das donzelas.

A seguir, narra Ramatís que Caifás pediu para o promotor-relator ler uma peça acusatória que considerava de suma importância no julgamento, e que era na realidade o mais terrível testemunho que ele havia adjudicado à culpa de Jesus, **fruto da invigilância de Judas.** E assim se exprimiu o relator: (em negrito, observação nossa)

> – Declaro e confirmo que convivi e ainda convivo com Jesus de Nazaré, rabino Galileu, chefe sedicioso do movimento dos "homens do caminho", e que ele pretende arrasar o Templo, tomar o poder de Israel, destruir os príncipes dos sacerdotes e os fariseus, extinguir o culto mosaico, abrir as portas de Jerusalém aos pagãos de Tiro e Sidon e expulsar os romanos [...] Eu o disse e confirmo pela minha vontade e estado de espírito são: Judas, filho de Simão Iscariotes.

Ramatís comenta que a reação de Jesus, após ouvir o testemunho forjado de Judas, foi a de cerrar olhos enquanto doloroso suspiro tomou-lhe o peito ante a infamante delação, mas que tal não se deu nem por ressentimento para com Judas, nem por aflição **diante da situação que se mostrava irreversível**, pois o próprio Caifás estremeceu, açoitado por um rápido vislumbre de remorso, ao ouvir Jesus dizer: (em negrito, observação nossa).

– Pobre Judas, tu és o mais digno de piedade!

Solicitado por Caifás a fazer a própria defesa ou permitir que alguém o fizesse, antes de ser proferida a sentença final, descreve o espírito Ramatís, que Jesus manteve-se em completo silêncio, olhos baixos, orando mentalmente ao Pai e rogando-lhe forças para resistir até ao fim à desfaçatez daquele homem afogueado pelo mais alto índice de hipocrisia, mas que o seu silêncio obstinado, sua atitude humilde mas serena, deixaram os juízes algo feridos no seu amor próprio pela indiferença do acusado, e que não tardaram os murmúrios de insatisfação, e os comentários, a meia voz, pelo desrespeito de Jesus ao tribunal, havendo quem o considerasse "provocador". Informa que Anás, com o consentimento de seu genro Caifás, num tom de dignidade ofendida, assim exclamou:

– Embora o acusado insulte este Tribunal Sagrado por um silêncio orgulhoso, aprovando tacitamente os testemunhos acusadores e as provas da investigação de suas culpas, manda a Lei que seja defendido por quem de direito e não ser julgado sem defesa.

Esclarece Ramatís que o Tribunal escolheu o defensor e que Jesus permaneceu em silêncio, sem aprovar ou desaprovar a sua designação, que o mesmo fez uma peroração, algo irritado, mais preocupado com os efeitos da retórica nos membros do júri do que com a substância da causa. O julgamento atingia a madrugada e a dissertação do defensor em nada mudou a situação de Jesus, mas a sua deliberada indiferença e mutismo selaram-lhe o destino naquele Tribunal, que feita a votação e exposto o resultado do escrutínio, "Jesus de Nazaré", rabi Galileu e sedicioso inimigo da Lei" fora condenado por unanimidade pela "pequena corte" do Sinédrio, não lhe cabendo apelação para recorrer ao "Grande Conselho", uma vez que a votação foi unânime. Num arremate cínico, o Sumo Sacerdote, sem esconder a satisfação que lhe ia na alma exclamou:

– Levai-o! Jeová que se apiede do culpado!

Jesus, em seu silêncio profundo, certamente lamentava a cegueira espiritual de Caifás, que o mantinha escravizado às glórias e aos poderes humanos, lamentava ao entrever a longa e sinuosa estrada que lhe caberia percorrer nos milênios vindouros, em sucessivas encarnações expiatórias, até se redimir espiritualmente diante da sua própria consciência.

O julgamento de Pilatos...

Era regra acatada pelo Tribunal do Sinédrio que a sentença só fosse pronunciada no dia seguinte pelo Sumo Sacerdote. Aliás, os judeus tudo faziam para não executar um patrício, mesmo quando fosse condenado por coisas abomináveis; isso era sempre uma injúria à "cidade santa", embora naquele caso, Caifás jamais se preocupasse com tal tradição, mas apenas em destruir o seu perigoso adversário. Esse prazo poderia ser aproveitado pelos parentes, amigos ou interessados em inocentar o culpado, assim como as próprias testemunhas ainda poderiam retificar ou reconsiderar os seus testemunhos, caso admitissem terem-se equivocados. No entanto, Jesus não gozava desta regalia, pois a família do Sumo Sacerdote estava atenta para impedir ou desviar qualquer manifestação de solidariedade. No dia seguinte, **na sexta-feira,** sem dúvida Jesus estaria defronte de Pilatos para ser julgado por sedicioso contra os poderes públicos. O seu destino estava selado: seria lapidado pelos judeus ou crucificado pelos romanos! [152]

O apóstolo João descreve da seguinte maneira o julgamento de Jesus por Pôncios Pilatos:

> Depois, levaram Jesus da casa de Caifás para o pretório. Era cedo de manhã. Eles não entraram no pretório para não se contaminarem, mas poderem comer a Páscoa. Então, Pilatos saiu para lhes falar e lhes disse: Que acusação trazeis contra este homem? Responderam-lhe: Se este não fosse malfeitor, não to entregaríamos. Replicou-lhes, pois, Pilatos: Tomai-o vós outros e

152 Trecho extraído da obra *O Sublime Peregrino*, ditada pelo espírito Ramatís ao médium Hercílio Maes. 18. ed. EDITORA DO CONHECIMENTO, 2013, p.354.

> julgai-o segundo a vossa lei. Responderam-lhe os judeus: A nós não nos é lícito matar ninguém; para que se cumprisse a palavra de Jesus, significando o modo por que havia de morrer. (João 18: 28-32).

Wilkon [153] menciona que as tradições dos judeus para comer a Páscoa, o que subentende "festejar a Páscoa", eram rígidas. Por isso evitavam entrar na casa de um estrangeiro, onde poderiam, de algum modo, se contaminar. Como eles ainda estavam comemorando a Páscoa, não queriam se contaminar entrando no local dos romanos para não precisarem interromper as comemorações. Quanto à afirmação dita pelos judeus: "A nós não e lícito matar ninguém", esclarece que o motivo de as autoridades judaicas terem procurado Pilatos era porque eles não tinham permissão de condenar à morte. Roma, que dominava a região dos judeus, permitiu que eles permanecessem com a sua religião e as suas leis, mas dentro de certos limites. A pena de morte competia exclusivamente a Roma. A essa altura Jesus já estava condenado à morte pelos judeus. Eles precisavam apenas que Roma executasse a sentença.

Referendando, de certa forma, o pensamento de Wilkon, esclarece o espírito Ramatís, à página 355 de *O Sublime Peregrino*, que o Sinédrio poderia sentenciar quanto à lapidação ou outros processos de punição, mas deveria depois conseguir a confirmação do Pretório de Roma para executá-la, todavia, coloca que os procuradores romanos, em geral, fechavam os olhos a essas questões religiosas dos judeus, deixando-os algo livres para agirem conforme sua Lei, que isso era assunto particular e que Roma saía mais beneficiada ignorando a morte de mais um judeu, mesmo porque isso era providência dos próprios patrícios.

Esclarece ainda o mentor universalista que embora o motivo real que levou Jesus à morte fosse de natureza religiosa, sendo por isso julgado pelo Tribunal Sagrado do Sinédrio, a verdade é que o Sumo Sacerdote colhera provas e material suficiente para culpá-lo sob as leis romanas e assim crucificá-lo

---

153 WILKON, Morel Felipe. Para que Jesus veio ao mundo ? Disponível em: *www.espiritoimortal.com.br/para -que-jesus-veio-ao-mundo/* > Acesso em 28 de out. 2021.

por um crime de Estado, que punições como a lapidação, o estrangulamento ou sacrifício na fogueira podiam ser impostas aos que se rebelavam contra as Leis mosaicas, mas que a cruz era um suplício romano destinado a punir escravos, rebeldes, criminosos, ladrões ou conspiradores, e que tal tipo de morte lançava a ignomínia sobre a vítima.

Ramatís considera que Anás foi o verdadeiro mentor da tragédia do Gólgota; alma vil e vingativa, demonstrou a Caifás que Jesus, rabi da Galileia, era um fascinador de multidões, aceito e reverenciado como um "reformador religioso" judeu. Em consequência, se ele fosse lapidado pela sentença do Sinédrio, deixaria um rastro de encanto sentimental entre o povo e forte motivo para reação no seio de seus próprios asseclas, que seria perigoso e desaconselhável cometer tal imprudência de atear-se um rastilho de vingança na Galiléia tão espezinhada por Jerusalém, que morto desta forma, em breve Jesus seria transformado num mártir para a execração dos seus patrícios algozes sendo preciso evitar a auréola messiânica que se formaria em torno do "Salvador de Israel", sugerindo a seu sogro, ironicamente, que Jesus de Nazaré não deveria ser punido pela Lei de Moisés, mas pela de Roma, que ele não deveria ser executado pelos seus próprios compatriotas, mas "vilmente assassinado" pelos inimigos da raça judaica,

Retornemos à narrativa do apóstolo João do que sucedeu entre Jesus e Pilatos no Pretório:

> Tornou Pilatos a entrar no pretório, chamou Jesus e perguntou-lhe: És tu o rei dos judeus? Respondeu Jesus: Vem de ti mesmo esta pergunta ou to disseram outros a meu respeito? Replicou Pilatos: Porventura, sou judeu? A tua própria gente e os principais sacerdotes é que te entregaram a mim. Que fizeste? Respondeu Jesus: O meu reino não é deste mundo. Se o meu reino fosse deste mundo, os meus ministros se empenhariam por mim, para que não fosse eu entregue aos judeus; mas agora o meu reino não é daqui. Então, lhe disse Pilatos: Logo, tu és rei? Respondeu Jesus: Tu dizes que sou rei. Eu para isso nasci e para isso vim ao mundo, a fim de dar testemunho da verdade.

> Todo aquele que é da verdade ouve a minha voz. Perguntou-lhe Pilatos: Que é a verdade? Tendo dito isto, voltou aos judeus e lhes disse: Eu não acho nele crime algum. É costume entre vós que eu vos solte alguém por ocasião da Páscoa; quereis, pois, que vos solte o rei dos judeus? Então, gritaram todos, novamente: Não este, mas Barrabás! Ora, Barrabás era salteador. (João 18:33-40).

Continuaremos nos valendo em nossos comentários da narrativa do espírito Ramatís, rica em detalhes, registrada no livro *O Sublime Peregrino*, psicografado pelo médium Hercílio Maes. As imagens e os diálogos ele as colheu nos *registros akásicos*, os verdadeiros registros vivos, guardados no éter refletor, de todo o ocorrido com o Mestre Nazareno em sua passagem pela Terra.

Informa-nos o mentor espiritual, à página 357, que Pôncios Pilatos, como todos os procônsules seus predecessores, era também detestado pelos judeus, embora se mostrasse mais tolerante com os assuntos religiosos daquele povo. A política adotada por Tibério obrigava-o a viver em boas relações com Caifás, o Sumo Sacerdote que, aliás, gozava de credenciais que o favoreciam de influir até mesmo quanto à permanência e ao prestígio do procônsul, dependendo de seus relatórios enviados a Roma.

Descrevendo a figura de Pilatos assim ele se expressa nas páginas 357 e 358:

> Pôncio Pilatos era um homem com cerca de 42 anos; era robusto, de estatura média, corado, cuja fisionomia traía um forte recalque pela vida sensual. Era calvo e procurava disfarçar a calvície no arranjo de um saldo de cabelos ao nível das orelhas, ou com enfeites próprios da época. Apesar de se mostrar afável e atencioso, quando isto lhe convinha, chegando a gargalhar muito tempo em face das tolices religiosas dos judeus, o bom fisionomista lhe identificaria alguns traços duros de despotismo e insensibilidade. Não era ríspido, mas atemorizava os que necessitavam de seus préstimos, pois se encolerizava com facilidade quando contrariado [...]. Sumamente ambicioso, Pilatos era pru-

dente no jogo de seus interesses e temeroso do seu prestígio junto a Tibério, que lhe dera o cargo, Apesar de sua repulsa contra os judeus, ele não se animava de abrir luta frontal com o Sumo Sacerdote, que era um inimigo implacável e perigoso pela sua astúcia. Anás, o sogro de Caifás, quando em atividade no templo, já o havia indiciado junto a Roma, através de algumas comunicações com certo fundamento, amparados por ricos presentes à corte romana [...] Além disso, Caifás fizera-lhe saber, indiretamente, que possuía provas de algumas negociatas inescrupulosas feitas com judeus gananciosos capazes de vender a própria alma, que faziam transações fabulosas no fornecimento de víveres e suprimentos para os exércitos romanos [...].

Quanto ao interrogatório propriamente dito, bem como as respostas dadas por Jesus a Pôncios Pilatos, Ramatís inicia esclarecendo que Jesus foi introduzido na antessala que se abria para o terraço onde era costume dar-se conhecimento ao povo dos editos de César, sob a custódia de esbirros de Sinédrio, enquanto Pilatos era avisado de que se tratava de um prisioneiro já condenado pelo Tribunal Sagrado e sob recomendação particular do Sumo Sacerdote para imediato interrogatório. A seguir relata as primeiras impressões de Pilatos diante da figura de Jesus, diz ele:

O Procurador de Roma surpreendeu-se diante de um homem palidíssimo, febril e abatido por visíveis sofrimentos, quando as provas e os testemunhos em seu poder o acusavam de perigoso facínora e obstinado rebelde. Esperava defrontar-se com um homem hirsuto, brutal, destemido e cínico, em vez de uma criatura humilhada, de aspecto delicado e cambaleante de fraqueza, como se mostrava Jesus de Nazaré. Provavelmente, o seu mau estado de saúde provinha de excessivos interrogatórios e da insônia, pois custava a reconhecer, debaixo daquela aparência inofensiva e atribulada, o Galileu fanático e perigoso das provas criminais em seu poder [...].

Prosseguindo a narrativa do desenrolar dos fatos, comenta Ramatis, nas páginas 359 e 360, que Pôncio Pilatos dirigiu-

-se ao beleguim-chefe [154] do Sinédrio que conduzira Jesus até a plataforma do pretório, o qual fazia o papel de relator e ao mesmo tempo de promotor, habilmente instruído por Anás e Caifás e inquiriu-o do seguinte modo:

> – Que se julgou deste homem pelo Sinédrio?
>
> O agente religioso entregou-lhe a peça acusatória, informando sem esconder sua arrogância;
>
> – Jesus de Nazaré, rabino Galileu, foi considerado culpado por unanimidade da pequena corte de juízes do Sinédrio, mas não possui um só testemunho a seu favor, o que o impede de justificar o recurso da apelação; também não pode ser discutido pelo Grande Conselho, em face de sua condenação de culpa ter sido por votação unânime [...]. Pilatos em seguida leu a peça acusatória, que assim dizia: "Jesus de Nazaré, rabino Galileu, sedutor, inimigo da Lei, falso rei de Israel, herético Filho de Deus, Messias impostor, explorador de viúvas e órfãos, profanador de oblatas e inimigo das devoções, assim julgado unanimemente culpado por esta corte em juízo de emergência"
>
> – Qual foi a sentença exarada pelo Tribunal Sagrado? – Indagou Pilatos, embora desde o dia anterior já estivesse a par de todas as acusações contra Jesus, inclusive quanto a delação de Judas, que realmente o convencera das intenções subversivas do movimento cristão.
>
> – Conforme a Lei do Tribunal Sagrado, somente hoje, à tarde, o culpado poderá ser sentenciado – redarguiu-lhe o agente de Caifás. E num tom de profunda ênfase, exclamou: – Mas Jesus de Nazaré não feriu apenas o poder divino, porém, comprometeu a ordem pública. Já foi julgado pelo direito sagrado, que está acima das competições humanas, agora encontra-se perante o juízo representativo do Imperador Tibério, que o julgará como crime-civil de lesa-pátria e subversão.[...] e prosseguiu num tom indagativo, sem mesmo disfarçar o ar acintoso de desafio:
>
> – Jesus de Nazaré, desmoralizador do direito sagrado,

154 Funcionário de repartição pública que atuava ou atua geralmente em fórum e que por sentir-se protegido age às vezes com insolência e abuso.

será lapidado como ímpio e profanador, mas isento de culpa perante Roma e para estímulo de novas sedições; ou considerado rebelde à ordem pública, sofrerá o suplício da cruz em bom cumprimento dado pela sentença do ínclito [155] representante do Imperador Tibério.

Comenta, na sequência, Ramatís, que Pôncio Pilatos ficou estarrecido diante da audácia do beleguim-chefe que se atrevia a lembrá-lo de suas obrigações públicas e, veladamente, transmitir-lhe que o Sumo Sacerdote não só lhe exigia a morte de Jesus, o rebelde inimigo do clero judeu, mas também o ameaçava de um rosário de consequências graves, se assim não o fizesse, demonstrando com isso que possuía todos os trunfos na mão e jamais abdicaria de tal favor. Relata que Pilatos sentiu-se sumamente ofendido no seu amor-próprio, ante a atitude descarada do esbirro de Caifás, e que foi tentado a lhe dar uma lição, pois um romano jamais deveria curvar-se facilmente à decisão acintosa de povos escravos, mas que a razão chamou-o à reflexão, pois, sem conhecer mais profundamente o sedicioso Jesus, caso o soltasse por mero capricho, e este viesse a promover nova insurreição, ver-se-ia numa situação difícil diante de Tibério; como explicar-lhe os motivos que o teriam feito tomar tal decisão? Então, em vez de inquiri-lo na antessala do Pretório, ante os juízes, mandou conduzir Jesus ao seu aposento de trabalho, e diante da fraqueza e do estado aflitivo do rabino Galileu, mandou sentá-lo. Em seguida narra o diálogo que foi estabelecido:

> – Que fizeste, Galileu, para ateares a ira dos juízes do Sinédrio e atraíres tantos testemunhos de sedição, que me obrigas a crucificar-te? – indagou Pilatos com suma altivez, mas de certa afabilidade na secura da voz. Jesus ergueu os olhos para o Procônsul, algo surpreso do tratamento mais ameno daquele rígido romano e volveu-lhe um olhar de gratidão. Pilatos remexeu-se na poltrona, algo contrafeito.
>
> – Fala, Galileu! – ordenou, autoritário e impaciente. – Por que violaste a ordem pública?"

155 Ilustre; aquele que se destaca por possuir qualidades extraordinárias. Famoso; publicamente conhecido e admirado pelo seu talento; admirado por seus méritos e suas excelentes características.

Narra Ramatís que ante aquela rude, mas humana compreensão demonstrada por Pilatos, Jesus pensou em lhe expor seus sonhos, suas ideias, os fundamentos da sua doutrina de libertação da humanidade e o verdadeiro sentido do "Reino de Deus", que ficava acima dos interesses e das contingências humanas, na esperança que Pôncio Pilatos compreendesse as suas esperanças e os seus ideais messiânicos e, talvez, o libertasse para poder continuar a sua obra de salvação humana, embora desconhecesse os motivos pelos quais Pilatos o tratava com certa deferência; mas que, subitamente, Jesus foi envolvido por estranha vibração que o penetrou por todos os poros do corpo e lhe avivou os sentidos e, tomado de surpreendente lucidez de espírito, reviveu os quadros já vividos no Horto das Oliveiras [156], quase sentindo o próprio sangue a gotejar das mãos e dos pés sangrando no martírio da cruz.

Então fechou os olhos, clareando-se o entendimento de sua alma, pois ainda reviu, nessa ideoplastia mediúnica, que a humanidade lhe daria as costas, num gesto de desconfiança, se ficasse liberto dos grilhões dos hebreus e romanos, compreendeu de pronto, vencendo aquele instante de vacilação, que a sobrevivência de seu Evangelho dependeria do holocausto de sua vida carnal, e então, cortesmente, e em palavras recortadas de ternura, mas de implacável decisão, respondeu a Pilatos, que o fitava com certa preocupação, sentindo-se impelido por um sentimento de simpatia:

– Nada tenho a defender-me das acusações dos homens, pois eu cumpro a vontade de meu Pai que está nos céus! A morte será para mim a coroa de glórias e a salvação de minha obra para a redenção dos homens.

Diz Ramatis que Pilatos franziu a testa, profundamente surpreendido e, movido por um impulso sincero, assim se expressou:

– Mas eu posso salvar-te a vida, se isso me aprouver! Que

156 No Horto das Oliveiras, o Mestre Amado realmente viveu os seus últimos instantes de liberdade física no mundo e as angústias de um espírito que se elegia para o holocausto em favor do gênero humano, mas ainda temia não poder cumpri-lo de modo a firmar as bases sólidas de sua doutrina. Em verdade, ali ocorreram fenômenos de alta excelsitude com respeito a Jesus, dos quais ele saiu combalido e mal suportando o desgaste humano. Extraído de *O Sublime Peregrino*, **EDITORA DO CONHECIMENTO**, Ramatis/Hercílio Maes, p. 337.

pretendes, enfim? E que lhe respondeu Jesus:

– Recusar a vida que me ofereces, pois isso seria deserção e covardia. Só a minha morte não desmentirá aquilo que o Senhor transmitiu por mim aos homens.

Coloca ainda o instrutor universalista, à página 362 de *O Sublime Peregrino*, que ao contrário do que narra a história religiosa, jamais Pôncio Pilatos tentou salvar Jesus por questão de simpatia ou mesmo de piedade, sentimentos esses que não se afinavam com o seu caráter curtido pelas ambições e manhas da política de Roma, que o que lhe importava era apenas o prazer de uma desforra contra Anás, Caifás e seus sequazes, por saber que estavam em jogo os mais avançados interesses do Clero Judeu, mas que diante da recusa de Jesus à sua clemência e ao indulto oferecidos, sentia-se inclinado a desistir da porfia contra o Sumo Sacerdote de Jerusalém.

Acrescenta que pouco lhe importava se o rabi da Galileia fosse indultado ou crucificado, pois não passava de uma peça viva igual a tantas outras que já fizera morrer por danos menores, mas era o seu amor-próprio profundamente ferido, que o levava a hesitar na sentença final. O prisioneiro era um pretexto para lhe contentar o espírito de desforra contra o Sumo Sacerdote. Talvez, se lhe tivesse pedido a absolvição do acusado, sem dúvida tudo faria para crucificá-lo, a fim de contradizer o seu adversário.

Descrevendo as cenas que se sucederam, comenta que após mais algumas tentativas frustradas de Pilatos em fazer com que Jesus se mostrasse acessível ao seu indulto, Jesus levantou-se, compreendendo que estava finda a entrevista e se dirigiu para a porta e que, Pilatos, talvez, atuado por alguma força oculta a que não pôde fugir fez um gesto com a mão, ordenando a Jesus que esperasse e que quase revoltado consigo mesmo, sofrendo ao fazer qualquer cessão ao próximo, disse bruscamente ao Mestre Jesus:

– Se desejas a morte, dize, pelo menos, o que posso fazer por ti?

Jesus fitou-o bem nos olhos, transmitindo-lhe a força do seu magnetismo sublime, o poderio do seu espírito e a ternura do seu coração. Então, pediu-lhe num supremo apelo, que tocou as fibras endurecidas do Procônsul romano:

– Se queres ajudar-me, não persigas os meus discípulos. Ser-te-ei grato da Casa de Meu Pai, por toda a eternidade! Ao que Pilatos, após entender que Jesus se oferecia à morte, tomava a culpa de todos os seus asseclas para salvá-los, traindo sincera emoção, respondeu-lhe:

– Prometo, rabino! Enquanto eu aqui estiver, jamais perseguirei um dos teus discípulos, se retornarem às suas casas e abandonarem a sedição.

Quanto à narrativa no Evangelho de João de que Pilatos, intentando salvar Jesus, pede ao povo que por aclamação escolhesse entre ele e Barrabás para ser liberto (João, 18: 39-40) esclarece Ramatís nas páginas 364 e 365 do livro em questão, que após a promessa feita a Jesus, de súbito, Pilatos teve uma ideia. Ao perceber que o povo se ajuntava na adjacência do Pretório, quer devido à passagem obrigatória para o Templo, quer pela curiosidade ante o julgamento do rabino da Galiléia, mandou conduzir Jesus até o espaçoso terraço sob as colunas coríntias e o expôs ao público, enquanto se reduzia o vozerio do povo e ele berrava:

– Silêncio! O Procurador de Roma quer falar!

O apóstolo João menciona que esta decisão de Pilatos decorreu do costume de se soltar algum prisioneiro por ocasião da Páscoa (João, 18: 39), todavia, não há registros históricos sobre este costume do povo judeu, o que não significa que tal costume não existisse; também Ramatís não faz alusão a ele em sua narrativa. Do terraço, assim falou Pôncios Pilatos ao povo:

– Que desejais a este homem? A liberdade ou a morte?

Esclarece o mentor espiritual que Pilatos assim agiu não porque estava condoído da situação de Jesus e queria salvá-lo, mas, sim, obcecado pelo seu bem-estar e pelos seus interesses ambiciosos, tentando frustrar os objetivos de Caifás sem se candidatar a futuras vinditas. O seu propósito com esse ato foi o de induzir o próprio povo judeu a absolver ou a condenar o rabino Galileu. No primeiro caso ele estaria livre do ressentimento sacerdotal; e, no segundo caso, sentir-se-ia satisfeito no seu amor próprio, pelo fato do povo decidir pela sentença que ele negaceava em atender. Esperava lograr o

Sumo Sacerdote pela decisão do próprio povo.

Decorrido um breve tempo em que o silêncio se fez no seio da multidão que se juntava diante das grades do muro de Pretório, ao qual interpretou Pilatos como uma onda de simpatia daquelas criaturas a favor do acusado, e lhe permitiu antever a absolvição de Jesus e a consequente frustração do ardil do Sumo Sacerdote, relata Ramatís, que estourou dos quatro cantos da praça um clamor disciplinado e num só diapasão de voz: Crucifica-o! Crucifica-o! Era um grito ondulante, mas coerente, que estrugia numa certa ordem, abafando as vozes que provavelmente estariam pedindo a absolvição do rabi Galileu – berravam dezenas de criaturas num tom ameaçador.

– Morte ao rei de Israel! Morte ao falso Filho de Deus! À cruz com o Messias! Crucifica-o! Crucifica-o!

Diante de tal resposta e vendo frustrado o seu plano de forçar os judeus a absolver o prisioneiro, para então glosar o logro de Caifás e seus sequazes, e este de fato era o seu único objetivo, o mentor espiritual coloca que Pôncios Pilatos, con-gesto de raiva, bradou num assomo de raiva:

– Cães! Cães vendidos e mercenários!

A gritaria de "Crucifica-o!" não vinha do povo, que ainda simpatizava com Jesus, mas da "claque" infame recrutada a peso de ouro pelo Sumo Sacerdote com a finalidade de pedir a morte de um justo, agentes mercenários do Sinédrio aos quais se misturavam alguns sacerdotes de absoluta confiança de Caifás, que vigiavam o infame clamor da morte, impedindo qualquer manifestação em favor do mestre Jesus. Coloca Ramatís que Pôncios Pilatos, receoso de contrariar a vontade daqueles astutos chefes do Sinédrio, que poderiam prejudicá-lo em Roma, comunicando a Tibério que, apesar de o povo de Jerusalém ter exigido a morte do sedicioso rabino Galileu, ele o havia indultado, num desabafo de desforra, assim exclamou:

– Quereis a morte do rabi da Galileia? Pois seja, eu o entrego ao juízo do dia! Se ele for condenado, vós mesmos o condenastes, porque eu lavo as minhas mãos deste julgamento.

Assim descreve Ramatís, à página 366 de *O Sublime Peregrino*, o encerramento do julgamento:

> Pilatos rodopiou sobre os calcanhares, acenando para

> que encaminhassem Jesus à antessala onde se reunia a corte do juízo sumário. Diante das provas acusatórias, da confissão de Judas, da condenação do Tribunal Sagrado e do interrogatório que lhe foi feito por crime de subversão, o Mestre manteve-se em absoluto silêncio, agravando ainda mais a sua situação desfavorável. Após alguns momentos de confabulações e sucinto exame das peças acusatórias enviadas pelo Sinédrio, os juízes romanos condenaram Jesus à crucificação.

Interessante na narrativa de Ramatís é a sua não referência à Barrabás, o salteador, ao qual o Evangelho de João se refere (João, 18: 40): "Então gritaram todos, novamente; Não este, mas Barrabás! Ora, Barrabás era salteador". Contudo, há semelhanças entre a narrativa de Ramatís e a do Evangelho de João quanto à maneira pela qual Pilatos se dirigiu à população interrogando-a sobre a soltura ou não de Jesus. Diz o apóstolo João: "[...] quereis, pois, que vos solte o rei dos judeus?" (João, 18: 39), enquanto Ramatís coloca nestes termos a fala de Pilatos: "Que desejais a este homem, a liberdade ou a morte?". Ambos não mencionam na pergunta de Pilatos a figura de Barrabás como faz o evangelista Mateus: [...] "A quem quereis que eu vos solte, a Barrabás ou a Jesus, chamado Cristo?" (Mateus, 27:17). Sabe-se que Barrabás encontrava-se prisioneiro de Roma pela ocasião do julgamento de Jesus, e o fato da população (na realidade, os sequazes de Caifás) imediatamente clamar pelo seu nome em resposta à pergunta de Pôncios Pilatos (mesmo sem que esse o pronunciasse) é indício, de que de fato, existia o costume de se libertar um preso pela ocasião da Páscoa.

Também não há referências na narrativa de Ramatis e nem no Evangelho de João, quanto ao ato de Pilatos ter lavado as mãos numa bacia d'água, numa atitude de indiferença ou isenção de responsabilidade na condenação do Cristo, o que, aliás, é mencionado apenas no Evangelho de Mateus (27: 24), o que pode sugerir que tal ato tenha sido inserido por Mateus, cujo Evangelho, assim como os demais, foi escrito após a morte de Jesus, não no seu sentido literal, mas num contexto meramente simbólico.

A Crucificação...

O apóstolo João inicia o capítulo 19 de seu Evangelho narrando os primeiros suplícios infligidos a Jesus após a sua condenação e as últimas tentativas de Pilatos de libertá-lo. Assim descreve o apóstolo:

> Então, por isso, Pilatos tomou a Jesus e mandou açoitá-lo. Os soldados, tendo tecido uma coroa de espinhos, puseram-lha na cabeça e vestiram-no com um manto de púrpura. Chegavam-se a ele e diziam: Salve, rei dos judeus! E davam-lhe bofetadas. Outra vez saiu Pilatos e lhes disse: Eis que eu vo-lo apresento, para que saibais que eu não acho nele crime algum. Saiu, pois, Jesus trazendo a coroa de espinhos e o manto de púrpura. Disse-lhes Pilatos: Eis o homem! Ao verem-no, os principais sacerdotes e os seus guardas gritaram: Crucifica-o! Crucifica-o! Disse-lhes Pilatos: Tomai-o vós outros e crucificai-o; porque eu não acho nele crime algum. Responderam-lhe os judeus: Temos uma lei, e, de conformidade com a lei, ele deve morrer, porque a si mesmo se fez Filho de Deus. Pilatos, ouvindo tal declaração, ainda mais atemorizado ficou, e, tornando a entrar no pretório, perguntou a Jesus: Donde és tu? Mas Jesus não lhe deu resposta. Então, Pilatos o advertiu: Não me respondes? Não sabes que tenho autoridade para te soltar e autoridade para te crucificar? Respondeu Jesus: Nenhuma autoridade terias sobre mim, se de cima não te fosse dada; por isso, quem me entregou a ti maior pecado tem. A partir deste momento, Pilatos procurava soltá-lo, mas os judeus clamavam: Se soltas a este, não és amigo de César!

> Todo aquele que se faz rei é contra César! Ouvindo Pilatos estas palavras, trouxe Jesus para fora e sentou-se no tribunal, no lugar chamado Pavimento, no hebraico Gabatá. E era a parasceve pascal, cerca da hora sexta; e disse aos judeus: Eis aqui o vosso rei. Eles, porém, clamavam: Fora! Fora! Crucifica-o! Disse-lhes Pilatos: Hei de crucificar o vosso rei? Responderam os principais sacerdotes: Não temos rei, senão César! Então, Pilatos o entregou para ser crucificado. (João 19:1-16).

Era prática comum o açoitamento do condenado antes da sua crucificação, todos os condenados à morte na cruz dele padeciam, não tendo sido diferente com Jesus. Ramatís, à página 369 de *O Sublime Peregrino*, ratificando esse comportamento romano, esclarece que os castigos corporais eram de hábito comum, que o chicote, tido como um dos símbolos do poderia daquele povo sobre os povos vencidos, e a flagelação, eram rotineiramente utilizados sobre os infelizes escravos e aos criminosos, colocando que Jesus, para os romanos, não passava de um judeu culpado de subversão pública, tendo ainda sua situação agravada pela condenação do Tribunal religioso dos seus patrícios, motivo por que seria passível da flagelação habitual a todos os condenados. Ainda que condenado ao suplício da cruz, nem por isso devia ser poupado do azorrague, como a preliminar tradicional de qualquer punição, todavia, afirma Ramatís no referido livro, que devido à sua excessiva fraqueza e estado enfermiço febril, o "lictor" [157] vergastou-o de leve, por três vezes apenas, usando o chicote feito de tiras de couro cru, mas sem as pontas de chumbo ou de osso que arrancavam pedaços da carne.

Quanto às zombarias, insultos, escárnio e maus tratos aplicados a Jesus, assim como o manto de púrpura e a coroa de espinhos que lhe puseram na cabeça, diz o instrutor espiritual, à página 371 de *O Sublime Peregrino*, que ele não foi humilhado pelos legionários do governador, conforme diz Mateus (27: 27), mas que isso aconteceu por parte da criadagem ínfima, de alguns servos e escravos da comitiva de Pilatos e

157 Oficial que andava à frente dos principais magistrados da antiga Roma, levando, para as execuções da justiça, uma machadinha envolvida num feixe de varas.

que, por ser hora de refeições, ali descansavam e eram vezeiros em tais empreendimentos sarcásticos, e que, lamentavelmente, a maioria se compunha de hebreus mercenários.

Quanto ao manto de púrpura e a coroa de espinhos acrescenta que alguém apanhou um pedaço de pano vermelho, que ali servia para os soldados jogarem dados, e o colocou nos ombros de Jesus, enquanto outro lhe punha uma cana entre as mãos, à guisa de um cetro real e que, ainda não satisfeitos, arrancaram galhos finos de um pé de vime adjacente, o trançaram na forma de uma coroa, aliás, sem espinhos, e a puseram sobre a cabeça do Mestre, que se divertiam cruzando à frente do rabi, fazendo mesuras e saudando-o à conta de um rei. Afirma que os legionários romanos, postados ali perto, riam, talvez até sugerindo alguma chalaça, mas que nenhum deles participou daquelas cenas grotescas.

João volta a afirmar que Pilatos procurava soltá-lo por não ver nele crime algum, o que de fato pode ter ocorrido, todavia, conforme explanações anteriores de Ramatís, o interesse do procônsul em libertá-lo era movido apenas pelo seu capricho pessoal de não acatar as determinações do astuto Clero Judeu, pois se ele tivesse reconhecido a inocência de Jesus e lhe fosse amigo sincero, pelo menos o teria livrado da flagelação e recomendado a "bebida da morte" [158], para logo depois da crucificação.

Tudo leva a crer que a lei alegada pelos judeus, para a morte de Jesus, seja a que se encontra no *Levítico* (24: 16): "Aquele que blasfemar o nome do Senhor será morto; toda a congregação o apedrejará; tanto o estrangeiro como o natural, blasfemando o nome do Senhor, será morto". Para os judeus, ao Jesus dizer-se "Filho de Deus", estaria cometendo blasfêmia.

Na sequência do capítulo 19 João relata a jornada de Jesus a caminho do calvário, sem se deter em pormenores, como faz Ramatís, e a seguir a sua crucificação:

158 A "bebida da morte" só era ministrada por autorização superior a certos condenados à crucificação, que então gozavam de alguma consideração entre os romanos, ou tinham amigos influentes, que poderiam apelar para esse recurso da morte piedosa. Trata-se de uma bebida feita de um vinho vinagroso, mirra e certa substância extraída de um cardo venenoso, da Índia, que liquidava o condenado dentro de uma ou duas horas após a crucificação, livrando-o dos padecimentos atrozes, que poderiam se prolongar por dias e noites. Extraído de *O Sublime Peregrino*, **EDITORA DO CONHECIMENTO**, Ramatis/Hercílio Maes, nota de rodapé, p. 368.

> Tomaram eles, pois, a Jesus; e ele próprio, carregando a sua cruz, saiu para o lugar chamado Calvário, Gólgota em hebraico, onde o crucificaram e com ele outros dois, um de cada lado, e Jesus no meio. Pilatos escreveu também um título e o colocou no cimo da cruz; o que estava escrito era: Jesus Nazareno, o Rei dos Judeus. Muitos judeus leram este título, porque o lugar em que Jesus fora crucificado era perto da cidade; e estava escrito em hebraico, latim e grego. Os principais sacerdotes diziam a Pilatos: Não escrevas: Rei dos judeus, e sim que ele disse: Sou o rei dos judeus. Respondeu Pilatos: O que escrevi escrevi. Os soldados, pois, quando crucificaram Jesus, tomaram-lhe as vestes e fizeram quatro partes, para cada soldado uma parte; e pegaram também a túnica. A túnica, porém, era sem costura, toda tecida de alto a baixo. Disseram, pois, uns aos outros: Não a rasguemos, mas lancemos sortes sobre ela para ver a quem caberá — para se cumprir a Escritura: Repartiram entre si as minhas vestes e sobre a minha túnica lançaram sortes. Assim, pois, o fizeram os soldados. E junto à cruz estavam a mãe de Jesus, e a irmã dela, e Maria, mulher de Clopas, e Maria Madalena. Vendo Jesus sua mãe e junto a ela o discípulo amado, disse: Mulher, eis aí teu filho. Depois, disse ao discípulo: Eis aí tua mãe. Dessa hora em diante, o discípulo a tomou para casa. Depois, vendo Jesus que tudo já estava consumado, para se cumprir a Escritura, disse: Tenho sede! Estava ali um vaso cheio de vinagre. Embeberam de vinagre uma esponja e, fixando-a num caniço de hissopo, lha chegaram à boca. Quando, pois, Jesus tomou o vinagre, disse: Está consumado! E, inclinando a cabeça, rendeu o espírito. (João 19:17-30).

Como dissemos é de uma extraordinária riqueza em detalhes a narrativa do espírito Ramatís, em *O Sublime Peregrino*, das páginas 371 a 380, quando descreve todo o ocorrido com Jesus, desde sua trágica jornada a caminho do Calvário até a consumação do seu drama tormentoso. Continuaremos nos embasando em tal narrativa (que, como já dito, foi colhida nos *registros akásicos* da natureza) para os nossos comentários. Assim descreve Ramatis o sofrimento de Jesus durante o percurso até o Gólgota:

> Era quase meio dia (a hora sexta); o sol ia alto, e o dia estava abafadiço, prometendo chuvas torrenciais para a tarde, quando Jesus foi custodiado por um grupo de soldados romanos, iniciando a sua trágica jornada a caminho do Calvário, saindo pela porta de Damasco. O povo aglomerava-se junto do portão e dos muros da prisão, quando Jesus apareceu. Maria de Magdala, Salomé, Joana, Maria e outras mulheres precipitaram-se para abraçá-lo, mas foram impedidas com rudeza pelos soldados. Então, ajoelharam-se soluçando sob as mais pungentes lamentações e clamando por Deus, enquanto o amado Mestre lhes volvia um olhar passivo e resignado. A rua se fazia cada vez mais íngreme e ele estava palidíssimo; tinha as mãos atadas e dava mostras visíveis de cansaço e dores físicas. À sua retaguarda, dois servos seguiam-lhe os passos carregando o pesado tronco de árvore, que depois lhe serviria para o suplício da cruz.

Esclarece o mentor que a procissão seguia sob a indiferença dos soldados, bastante habituados àquelas cenas e aos lamentos dolorosos de parentes, amigos e simpatizantes dos condenados que tanto suplicavam a libertação do prisioneiro como ofereciam toda sorte de valores para que assim o fizessem, que os soldados apenas cumpriam ordem superiores dentro da rotina peculiar daquelas execuções, sem qualquer iniciativa pessoal de agravar ou amenizar os sofrimentos dos condenados. Mas que, em dado momento, o chefe da patrulha romana atendeu à súplica das mulheres e consentiu que elas socorressem Jesus, sem perda de tempo e dispondo apenas de alguns segundos, Verônica enxugou-lhe o rosto e Joana deu-lhe água fresca de um cântaro pequeno. Assim ele procede em sua narrativa:

> Logo em seguida, puseram-se outra vez em marcha. O trajeto da porta de Damasco até o cimo do Calvário foi percorrido em 16 minutos, pois as execuções se cumpriam fora dos muros da cidade. Jesus mal podia respirar; o seu corpo tremia sob a temperatura febril e o suor empapava-lhe o rosto, vertendo sob as vestes armafanhadas e manchadas de sangue da flagelação. Os encarregados da crucificação tinham pressa, pois

> o sol do meio-dia crestava as carnes de todos. Sob o rochedo de forma cônica, cujo aspecto se parecia realmente com uma caveira encimada por tufos de capim e arbustos reduzidos, a multidão espalhou-se e se dividiu em grupos [...].

A crucificação em si é descrita por Ramatís, à página 373 de *O Sublime Peregrino* da seguinte forma:

> Então se deu o terrível e doloroso suspense para todos. Amigos e discípulos de Jesus estremeceram e as mulheres caíam de joelhos em terra, sob cruciante oração, enquanto dois ajudantes despiram Jesus deixando-lhe apenas um pano em torno dos rins. Outro lhe oferecia um caneco de vinho com mirra, que servia de bebida anestesiante para os condenados suportarem os primeiros momentos atrozes da crucificação [...]. Jesus mal tocou a bebida com os lábios e recusou-a, pois queria sofrer o martírio em perfeita lucidez de espírito e não se entorpecer na sua comunhão espiritual com o Senhor. Estava convicto de que sua obra redentora pedia tal sacrifício para o bem da própria humanidade e, por isso, queria estar consciente do seu próprio holocausto. Em seguida deitaram-no sobre a cruz, pregaram-lhe as mãos na trave superior horizontal, enquanto outro carrasco também fixava um pedaço de madeira entre as suas pernas, aliviando-lhe o peso do corpo para não rasgar-lhe as mãos. Depois ergueram a cruz com o seu corpo já pregado e a colocaram na abertura do solo, ficando os pés à altura de uma jarda do chão. Outros dois condenados também foram crucificados em torno de Jesus, os quais se lamentavam sob os mais lúgubres gemidos na sua dor lancinante, porém, não lhe dirigiram a palavra conforme consta nos evangelhos (Lucas, 23:35-43). Era o ponto final do processo da crucificação. Dali por diante o tempo de vida de cada um dos crucificados dependeria exclusivamente de sua resistência orgânica, pois havia casos de indivíduos tão robustos e cheios de vida, que se aguentavam vivos durante dois, três e até quatro dias na cruz.

Observa-se na narrativa de Ramatís a não alusão a qualquer inscrição por parte de Pilatos no cimo da cruz, conforme menciona o apóstolo João. Quanto aos amigos e discípulos que se fizeram presentes e os vilipêndios sofridos pelo Mestre já na cruz, afirma Ramatís que do alto da cruz Jesus circundou o seu olhar terno e amoroso sobre as criaturas que se achavam dispersas pelo cimo do Gólgota, procurando rostos amigos e entes queridos. Finalmente identificou Madalena, Salomé e Joana de Khousa; João, o querido discípulo, e seu irmão Tiago, sempre paciente e entusiasta; Marcos, corajoso e decidido. Mais além, quase atingindo o cimo do monte, chegava Pedro, cujo vulto alto e robusto parecia apoiar-se em seu irmão André; ao seu lado Sara e Verônica amparavam Maria, a infeliz mãe, que retornava ao Gólgota, depois de socorrida pela terceira vez de seus desfalecimentos cruciantes ante o martírio do filho querido. No relato de João há menção apenas a Maria Madalena, Maria, mulher de Clopas e Maria, a mãe de Jesus, presentes na crucificação, além do próprio João, a quem Jesus do alto da cruz teria pedido que, doravante, tomasse a sua mãe Maria como a sua própria mãe, pedido que Ramatís não menciona em sua narrativa, colocando-os, aliás, bem distantes um do outro.

Afirma Ramatis, à página 374 de *O Sublime Peregrino*, que o deboche e os insultos desferidos a Jesus não partiram da soldadesca encarregada da execução, mas sim dos infelizes agentes de Caifás, que antes de se retirarem do Gólgota ainda procuravam arrematar a sua ignomínia com gestos de indiferença selvagem para agradarem aos seus chefes vingativos. Eis o que diziam:

> – Desce da cruz, ó Filho de Deus! Chama teu Pai para te livrar do suplicio! Guarda-me um lugar no teu reino! Para onde fugiram as tuas legiões de anjos? Salva o Rei dos Judeus no seu trono da cruz! Desce da cruz, salva-te primeiro e nós seremos teus crentes! Enquanto riam fazendo gestos de deboche, Jesus pousou-lhes o olhar compassivo e resignado, fitando-os sem ressentimento, inclusive aos soldados que, às vezes, riam das zombarias dos esbirros de Caifás. Imensa ternura invadiu-lhe a alma, vibrando sob o mais puro e elevado amor. Novamente o seu olhar claro e expressivo, repleto de poderoso magnetismo angélico, então res-

> plandeceu num fulgor majestoso, envolvendo aqueles seres tenebrosos num banho purificador e balsâmico, que os fez estremecer, tocados pelo remorso, e os fez silenciar. Após aquela transfusão de luz e de amor, que tributou aos seus próprios algozes, abrindo-lhes o coração para um entendimento mais feliz da vida espiritual, Jesus ergueu os olhos para o alto e a sua voz suave e misericordiosa então se pronunciou vibrando ditosa no holocausto de sua própria vida:
> – "Pai, perdoai-lhes, porque eles não sabem o que fazem! "[159]

Ramatís não menciona a atitude dos soldados de se apossarem das vestes e da túnica de Jesus, dividirem-nas e lançarem sorte sobre elas, ao contrário, afirma sempre que toda e qualquer iniciativa de deboche e insultos a Jesus partiu de seus compatriotas, servos e escravos da comitiva de Pilatos e mercenários a serviço de Caifás. Explica que os legionários romanos jamais desciam ao espetáculo circense de cuspir e esbofetear os prisioneiros, pois mantinham certo decoro nos seus atos e tudo faziam para não mancharem a sua dignidade de "homens superiores".

Não podemos esquecer a preocupação frequente do apóstolo João com o julgamento da história sobre Jesus, e, neste sentido, o seu esforço para relacioná-lo sempre às predições sobre a sua vinda e seus feitos encontradas no Velho Testamento, sendo frequente em suas anotações a frase: "para se cumprirem as escrituras". No caso em questão o trecho bíblico referente à divisão das vestes de Jesus é o Salmo 22: 18, que diz: "Repartem entre si as minhas vestes, e lançam sorte sobre minha roupa".

No relato de Ramatís Jesus não teria pronunciado as palavras: "tenho sede!" (João 19: 28), uma vez que, após ter rogado ao Pai que perdoasse aos seus algozes, expirou sem pronunciar qualquer outra palavra. Narra o mentor espiritual que em meio ao indescritível sofrimento que experimentava, uma vez que o suplício da cruz era de uma atrocidade espantosa, num esforço supremo para exprimir-se Jesus conseguiu dar a entender que suplicava por um pouco de água. Os soldados

---

159 Lucas, 23:34

se entreolharam, numa espécie de consulta recíproca, e então, embeberam a esponja no caneco de sua beberagem alcoólica e aproximaram-na dos seus lábios. Ele sorveu algumas gotas da bebida ácida, gozando de breve alívio nos lábios ressequidos para depois retornar à sua condição de mobilidade atroz. João associa tal gesto ao que consta no Salmo 69: 21: "Deram-me fel por mantimento, e na minha sede me deram a beber vinagre", e coloca que assim foi para se cumprir a Escritura.

Curiosamente João não faz qualquer referência às palavras de Jesus rogando a Deus que perdoasse os seus algozes, como faz Lucas e referenda Ramatís, fato estranhável já que ele se encontrava, como afirma, ao pé da cruz, e pôde ouvir quando Jesus lhe recomenda a guarda de sua mãe Maria.

O final da tragédia da cruz é relatado pelo evangelista nos seguintes termos:

> Então, os judeus, para que no sábado não ficassem os corpos na cruz, visto como era a preparação, pois era grande o dia daquele sábado, rogaram a Pilatos que se lhes quebrassem as pernas, e fossem tirados. Os soldados foram e quebraram as pernas ao primeiro e ao outro que com ele tinham sido crucificados; chegando-se, porém, a Jesus, como vissem que já estava morto, não lhe quebraram as pernas. Mas um dos soldados lhe abriu o lado com uma lança, e logo saiu sangue e água. Aquele que isto viu testificou, sendo verdadeiro o seu testemunho; e ele sabe que diz a verdade, para que também vós creiais. E isto aconteceu para se cumprir a Escritura: Nenhum dos seus ossos será quebrado. E outra vez diz a Escritura: Eles verão aquele a quem traspassaram. Depois disto, José de Arimateia, que era discípulo de Jesus, ainda que ocultamente pelo receio que tinha dos judeus, rogou a Pilatos lhe permitisse tirar o corpo de Jesus. Pilatos lho permitiu. Então, foi José de Arimateia e retirou o corpo de Jesus. E também Nicodemos, aquele que anteriormente viera ter com Jesus à noite, foi, levando cerca de cem libras de um composto de mirra e aloés. Tomaram, pois, o corpo de Jesus e o envolveram em lençóis com os aromas, como é de uso entre os judeus na preparação para o sepulcro. No lugar onde Jesus fora crucificado,

havia um jardim, e neste, um sepulcro novo, no qual ninguém tinha sido ainda posto. Ali, pois, por causa da preparação dos judeus e por estar perto o túmulo, depositaram o corpo de Jesus. (João 19: 31-42).

A narrativa de Ramatís, das páginas 377 a 380, descrevendo o fim do drama tormentoso do Calvário assemelha-se em alguns aspectos à narrativa do evangelista, e em outros não; senão vejamos. Assim descreve Ramatís os últimos momentos do Mestre vividos na matéria física:

> [...] A dor do Cordeiro do Senhor extravasava o cálice da suportação humana [...]. Quis abrir os olhos e só o conseguiu após tremendo esforço, movendo tormentosamente a cabeça numa leve inclinação para frente, como se tentasse vencer a massa granítica que parecia lhe pesar na fronte. Eis que naquele momento, então, fulgura no céu tenebroso um relâmpago imensurável. Sob a sua luz cegante, Jesus pôde vislumbrar e reconhecer os seus amigos, alguns discípulos e as piedosas mulheres que ali se reuniam na mais terna e veemente oração. Sua alma entreabriu-se numa visão beatífica e ele tentou mover os lábios, mas estavam tão rígidos, que não puderam, sequer, esboçar-lhe o sorriso meigo de gratidão aos seus queridos. O trovão rebentou forte e as nuvens dançavam furiosamente em choques bruscos. O peso da atmosfera parecia cair todo sobre o corpo de Jesus aumentando-lhe a terrível sensação de cruel esmagamento. Uma dor atroz partiu-lhe das pontas dos dedos da mão esquerda; depois subiu-lhe rápida pelo braço, como um arame incandescente perfurando-lhe as veias e, num átimo de um segundo, bloqueou-lhe o coração, paralisando-lhe a respiração. Um forte estremecimento sacudiu-lhe as faces, os lábios e as pontas dos dedos entorpecidos; os olhos se nublaram completamente e sua cabeça pendeu desamparada sobre o ombro esquerdo!...
>
> O Messias havia expirado!... Eram três horas da tarde!

Afirma Ramatís que em seguida o chefe da patrulha de soldados, empunhando a lança, feriu a carne de Jesus. Primeiramente de leve, e depois forçou-a até manchar-se de rubro e verificar que não havia mais sinal de vida. Diz João, referindo-

-se a esse momento: "Mas um dos soldados lhe abriu o lado com uma lança, e logo saiu sangue e água" (João: 19: 34). Contudo, não há referência por parte de Ramatís de que as pernas dos dois ladrões tenham sido quebradas pelos soldados como menciona o apóstolo.

No Evangelho de João não há menção à tempestade que desabou coincidindo com o momento em que Mestre expirava, e que é relatada no Evangelho de Mateus (27: 51-53) que, aliás, exagera na descrição do ocorrido, tornando-a fantasiosa, ao dizer que "a cortina do Templo se rasgou em dois pedaços, de cima até embaixo. A terra tremeu, e as rochas se partiram, que os túmulos se abriram, e muitas pessoas do povo de Deus que haviam morrido foram ressuscitadas e saíram dos túmulos e que após a ressurreição de Jesus, entraram em Jerusalém, a Cidade Santa, e foram vistas por muitos", fazendo-nos lembrar de algum filme de terror, tipo "A volta dos mortos vivos" .

Ramatís confirma a ocorrência da tempestade, mas considerando-a um acontecimento natural, que vinha se prenunciando desde mais cedo. Esclarece que na sexta-feira da crucificação todo o aspecto do tempo denunciava tempestade para a tarde ou a noite, que quando fazia duas horas que Jesus fora crucificado, nuvens densas puseram-se a correr pelo céu, impelidas por um vento furioso, enquanto a luz do dia se apagava aos poucos, vencida por inesperada escuridão e que, coincidentemente, após o Mestre dar o último suspiro, o céu então se abrira em cataratas de chuva torrencial, sob o fragor dos trovões assustadores, do vento furioso e dos raios fulgurantes, desgalhando árvores, abrindo sulcos na terra ressequida, desmontando telheiros, ruindo túmulos à flor do solo, arrasando granjas e manjedouras, causando, enfim, tantos outros danos às propriedades particulares e à administração pública.

A imagem do Mestre preso à cruz de martírio e da tempestade irrompida nos seus instantes finais inspirou-nos neste poema:

A Crucificação...

Então os ventos se fizeram uivantes,
Num sibilar terrificante, amedrontador...
Talvez, refletindo imensurável dor
Em entrecortados gemidos lancinantes.

A dor de Jesus no sofrimento desumano
Velada em seus olhos voltados para o céu,
Sorvendo do cálice a última gota do fel
Para a eterna redenção do gênero humano.

Nuvens no céu ocultaram o azul celeste
E relâmpagos prenunciaram a tempestade.
Ao pé da cruz, mulheres cheias de piedade,
Choravam abraçadas aos pés do Mestre.

E sob o clamor premente da tempestade,
Ali na cruz, com o seu corpo já exangue,
Jesus deu a sua vida, derramou seu sangue,
Para a redenção espiritual da humanidade.

E no cimo do Gólgota, a sua cruz erguida,
Em postura atrevida desafiando a tempestade,
É Luz que resplandece para a eternidade...
É a força que nutre e acalenta cada vida...

Por entre relâmpagos e estrondosos trovões,
No martírio de sua crucificação ignominiosa,
Jesus acendeu a luz, na sua dor silenciosa,
Que um dia iluminará todos os corações!

Consumada a morte de Jesus e decorrido algum tempo em que seus amigos e discípulos, apesar da insistência dos soldados para abandonarem o local, ali permaneceram encharcados e com os pés enlameados, pranteando a morte do amigo inesquecível, concluindo a sua narrativa, diz Ramatís que, ao anoitecer, *José de Arimateia* e *Nicodemos* conseguiram de Pilatos a autorização para descer-lhe o corpo da cruz, e que depois de embalsamado com aromas, sais da tradição hebraica e envolto em lençóis limpos, o corpo do Messias foi colocado num sepulcro novo, cavado na rocha viva de um horto adjacente, até lhe ser destinada mais tarde a moradia adequada, pois sendo o sábado "o dia da preparação" da Páscoa dos judeus, não se deveria cuidar de cerimônias fúnebres, estando tal narrativa muito próxima à do apóstolo João nos versículos finais do capítulo 19 de seu Evangelho.

A Ressurreição de Jesus...

As mesmas considerações já tecidas para o suposto caso da "ressurreição de Lázaro" aqui igualmente devem ser aplicadas, isto é, "ninguém depois de morto poderá voltar à vida no mesmo corpo" (entendo-se aqui que o processo de desencarnação, isto é, o desligamento dos laços fluídos que unem o corpo físico ao perispírito, já tenha sido concluído) por ser tal fato contrário às Leis universais que emanam de Deus, mesmo em se tratando de um espírito da elevação de Jesus, que, aliás, repetimos, fez questão de afirmar que "não viera destruir a Lei, mas sim cumpri-La". No entanto, no capítulo 20 João assim descreve a "ressurreição de Jesus" iniciando pela surpresa de Maria Madalena ao visitar seu sepulcro e encontrá-lo vazio:

> No primeiro dia da semana, Maria Madalena foi ao sepulcro de madrugada, sendo ainda escuro, e viu que a pedra estava revolvida. Então, correu e foi ter com Simão Pedro e com o outro discípulo, a quem Jesus amava, e disse-lhes: Tiraram do sepulcro o Senhor, e não sabemos onde o puseram. Saiu, pois, Pedro e o outro discípulo e foram ao sepulcro. Ambos corriam juntos, mas o outro discípulo correu mais depressa do que Pedro e chegou primeiro ao sepulcro; e, abaixando-se, viu os lençóis de linho; todavia, não entrou. Então, Simão Pedro, seguindo-o, chegou e entrou no sepulcro. Ele também viu os lençóis, e o lenço que estivera sobre a cabeça de Jesus, e que não estava com os lençóis, mas deixado num lugar à parte. Então, entrou também o outro discípulo, que chegara primeiro ao sepulcro,

> e viu, e creu. Pois ainda não tinham compreendido a Escritura, que era necessário ressuscitar ele dentre os mortos. E voltaram os discípulos outra vez para casa. (João, 20:1-10).

Aqui observarmos ainda a preocupação de João em ajustar os fatos ocorridos com Jesus às enunciações proféticas do Velho Testamento, consagrando, assim, a sua condição de o "Messias Prometido". Neste caso, acreditamos que João se valeu do texto bíblico encontrado em Salmos, 16: 9-10, que assim diz: "Alegra-se, pois, o meu coração, e o meu espírito exulta; até o meu corpo repousará seguro. Pois não deixarás a minha alma na morte, nem permitirás que o teu Santo veja corrupção".

Indagado sobre o desaparecimento do corpo de Jesus do sepulcro novo onde foi sepultado, Ramatís assim se manifesta:

> [...] E' evidente que, se Jesus tivesse ressuscitado em corpo e alma e aparecido aos apóstolos atravessando as paredes de tijolos da casa onde eles se encontravam, também teria atravessado o seu túmulo sem precisar remover a pedra de entrada! Após a morte do Mestre, o assessor de Pôncio Pilatos autorizou que o seu corpo fosse entregue à família, conforme pedido feito por José de Arimateia. Então Maria, sua mãe, Tiago, o maior, juntamente com João, Marcos, Pedro e Tiago irmão de João, desceram o corpo que estava na cruz; e as mulheres se encarregaram de preparar a balsamização de acordo com os costumes da época e da raça judaica. Em seguida, seriam aplicados óleos cheirosos e extratos de plantas aromáticas, pois o enterro seria no dia seguinte. E o túmulo foi fechado com pesada pedra como porta; pois era uma pequena gruta escavada no topo da colina pedregosa. [...]. No entanto, Pedro ficara bastante preocupado, depois que ouvira rumores de vândalos e criaturas embriagadas, a soldo do Sinédrio, que se propunham profanar o túmulo de Jesus e arrastar-lhe o corpo pelas ruas. Era intenção dos sacerdotes extinguir qualquer impressão favorável à doutrina e à pessoa de Jesus, evitando quaisquer demonstrações dramáticas, que dessem vida e alento à tragédia da cruz. O rabi da Galileia deveria ser esquecido ou avil-

tado a todo custo, para afastar-se o perigo de se formar uma casta de seguidores, estimulados por qualquer pretenso milagre ou saudosismo religioso. Deste modo, Pedro resolveu procurar José de Arimateia e expor-lhe as suas desconfianças; e como o seu amigo também alimentava as mesmas preocupações, decidiram transferir o corpo de Jesus para outro local, desconhecido de todos. Então, após verificarem que a cidade dormia, ambos dirigiram-se ao sepulcro; e, munidos de roletes de lenho e alavancas, fizeram deslizar a pedra de entrada mediante esses gonzos improvisados. Em seguida, mudaram as vestes ensanguentadas de Jesus, por novos lençóis limpos e incensados; depois, no silêncio da noite, desceram a encosta do Calvário e sepultaram o corpo num túmulo desconhecido, abandonado no meio do capinzal e de ruínas esquecidas. Deste modo, evitaram a coisa mais atroz para o judeu, na época, e que seria suprema profanação e o próprio abandono de Jeová; um corpo insepulto!E no caso de Jesus, semelhante aviltamento à sua figura missionária daria ensejo a incertezas e dúvidas que truncariam muita fé do ideal cristão! Seu corpo, ficando insepulto, significaria, conforme a tradição hebraica, uma negação aos direitos de liderança; e sua memória não deveria ser maculada por acontecimento tão fanático! No entanto, Pedro e José de Arimateia captaram as orientações do Alto; e num empreendimento elogiável, guardaram absoluto segredo até de Maria de Magdala e da mãe do Amado Mestre, apagando todos os vestígios da mudança. Embora tal fato fosse a causa de Madalena ter encontrado o túmulo vazio, e isto desse lugar à fantasia da ressurreição de Jesus, em "corpo e espírito". Pedro e José de Arimateia consentiram que esse boato prevalecesse, pois contribuía para que os asseclas do Sinédrio desistissem de profanar o corpo de Jesus, deixando-o insepulto para humilhá-lo! Ademais, isso avivava o ânimo dos seus próprios discípulos, o que era preciso fazer-se, no momento, em que a maioria começava a debandar. Mas em face da compreensão da humanidade, no vosso século, é preciso reajustar-se todos os fatos ocorridos na vida do Amado Jesus, para que ele reine no coração de todos os homens, sem quaisquer dúvidas e desconfianças geradas por acontecimentos fantasiosos [160].

O apóstolo João relata, em sequência, a aparição de Jesus a Maria Madalena que ainda panteava o desaparecimento de seu corpo do sepulcro, mas que esta, a princípio, não o teria reconhecido, confundindo-o com o jardineiro. Após Jesus ter lhe dirigido a palavra, reconheceu-o, e saiu anunciando aos discípulos: *Vi o Senhor!* (João, 20:11-18). Narra o aparecimento de Jesus aos discípulos em duas ocasiões. A primeira ao cair da tarde daquele mesmo dia, o primeiro da semana, quando os discípulos se encontravam reunidos com as portas trancadas na casa onde se abrigavam (João, 20:19-23), ocasião em que Tomé não se fazia presente e demonstrou-se céptico ao relato dos companheiros. A segunda, decorrido oito dias após a primeira, estando, desta vez, Tomé entre os presentes, ocasião em que Jesus a ele se dirige dizendo-lhe: "Porque me viste, creste? Bem aventurados os que não viram e creram. "(João, 20: 26-29).

A respeito das aparições e "falas" de Jesus, esclarece Ramatís [160] que embora Jesus tenha aparecido em espírito, a Maria de Magdala, aos apóstolos e outros discípulos na estrada de Emaús, isso foi um fenômeno de ectoplasmia, pois Madalena era poderoso médium, que, algumas vezes, concorrera para certos acontecimentos incomuns na peregrinação do Mestre. Quando surgiu entre os apóstolos e Tomé quis tomar-lhe as mãos, isso foi possível devido justamente à faculdade ectoplásmica dos presentes, que lhe permitiu a materialização em corpo inteiro e o êxito da "voz direta", sob os fulgores da luz sideral. Nos demais casos, em que outras pessoas viram Jesus, deu-se apenas o fenômeno de vidência, coisa bastante comum entre os médiuns. Jesus não deixou o túmulo, em corpo e alma, pois as suas aparições jamais desmentiram o bom senso das leis da física transcendental, nem foram consequência de fatos miraculosos, mas apenas manifestação das próprias energias que lhe foram doadas pelos seus discípulos e amigos siderais.

160 RAMATIS MISSÃO DE LUZ. O que Ramatís elucida sobre a ressurreição de Jesus? Disponível em: *https://ramatismissaodeluz.blogspot.com/2017/10/o-que--ramatis-elucida-sobre.html* > Acesso em 6 de nov. 2021.

Bibliografia

ALMEIDA, J. F. *Bíblia Sagrada* **(Revista e Atualizada).** 2. ed. Sociedade Bíblica do Brasil, 2009. 1280p.

ALMEIDA, J. M. de. **A Purificação do Templo**. In: Revista *O Fóton*, nº12, julho/2018, pp. 17-19.

ANDRADE, H. G. *Reencarnação no Brasil*. 3. ed. Matão: O Clarim, 2016, 432p.

—————— *Você e a Reencarnação*. 1. ed. Bauru: CEAC, 2002, 238p.

ARON. um espírita. **A mulher adúltera**. Disponível em: *https://aron-um-espírita.bligspot.com/2019/10/a-mulher-adultera.html* > Acesso em 10 de set. 2021.

ATANAGILDO (espírito). Espíritos assistentes das desencarnações. In: MÃES, H./Ramatís (Coord.). *A Vida Além da Sepultura*. 12. ed. Limeira: Editora do Conhecimento, 2007, 402p.

CHAVES, J. R. **Palingenesia, um elo de união das religiões**. Portal do Espírito. Disponível em: *https://espirito.oorg.br/artigo/palingenesia/um-elo-de-uniao-religioes/* Acesso em 22 de ago. de 2021.

CONEGERO, D. **Como era a cidade de Betânia e qual o seu significado?** Disponível em: *https://estiloadoracao.com/cidade-de-betania-significado* > Acesso em 19 de set. de 2021.

COSTA, A. **Letargia - O que é, causas, sintomas e tratamentos**. Disponível em: *https://dicademusculacao.com.br/letargia/* > Acesso em 24 de set. 2021.

FRIGÉRI, M. *As Sete Esfera da Terra*. 2. ed. Brasília: FEB, 2001, 151p.

GALLO, D. **As bodas de Caná.** Disponível em: *https://ceacs.wordpress.com/estudos-bíblicos/agosto-2011/as-bodas-de-cana/* Acesso em 15 de ago. de 2021.

GODOY, P. A. **Jesus nunca batizou.** Disponível em: *http://www.acasadoespiritismo.com.br/JESUS/JESUSCRISTO/jesus%20jamais%20batizou.htm* > Acesso em 24 de ago. 2021.

GUIMARÃES, Carlos A. F. **A reencarnação nos Primeiros Séculos do Cristianismo**: Orígenes de Alexandria. Disponível em: *http://www.*

espiritualidades.com.br/Artigos/G_autores/GUIMARAES_Carlos_tit_Reencarnacao_nos_primeiros_seculos_do_Cristianismo_-_Origenes_de_Alexandria.pdf > Acesso em 29 de nov. 2021.

HAMOD (espírito). O Sistema Solar: Criação, dimensões e vidas. In: MENDONÇA, S./Ramatís (Coord.) *Missão Planetária* – O principio, a evolução e o futuro da humanidade. 1. ed. Limeira: Editora do Conhecimento. 2016, p. 56.

KARDEC, A. *A Gênese*. 8. ed. Catanduva: Boa Nova. 2018. 347p.

———— *O Evangelho Segundo o Espiritismo*. 131 ed. (Edição histórica). Brasília: FEB. 2013. 410 p.

———— *O Livro dos Espíritos*. 83. ed. Rio de Janeiro: FEB. 2002, 494p.

———— *O Livro dos Médiuns*. 5. ed. Catanduva: Boa Nova, 2004, 406p.

KUNZ, C. A. A ideia do logos Segundo Heráclito de Éfeso. In: *Revista Batista Pioneira*, v.8, n.2, 2019, pp. 248-275.

LEMOS, J. M. de. **Nicodemos e a reencarnação**. Disponível em: *https://jeflemos.wordpress.com/2014/06/22/nicodemos-e-a-reencarnaçao/* >Acesso em 22 de ago. de 2021.

MAES, H./Ramatís (espírito). *A Vida no Planeta Marte e os Discos Voadores*. 9. ed. Limeira: Editora do Conhecimento, 1987, 346p.

———— *Mensagens do Astral*. 16. ed. Limeira: Editora do Conhecimento, 2005. 472 p.

———— *O Evangelho a Luz do Cosmo*. 1. ed. Limeira: Editora do Conhecimento. 1974 p. 239 p.

———— *O Sublime Peregrino* 18. ed. Limeira: Editora do Conhecimento, 2016, 380p.

MAIA, J. N/Miramez (espírito). *Filosofia Espírita* – Volume XVII. 1990. 149 p.

———— *Francisco de Assis*. 14. ed. Belo Horizonte: Fonte Viva, 2000, 433p.

MONTEIRO, G. We Mystic. *Expiação ou provação? Em qual tipo de encarnação você está?* Disponível em: *https://www.wemystic.com.br/expiação-ou-provacao/* > Acesso em 13 de set. 2021.

OLIVEIRA FILHO, A. de. **O Espiritismo Responde**. O consolador. Disponível em: *www.oconsolador.com.br/ano9/425/oepiritismoresponde.html* >Acesso em 22 de ago. de 2021.

PARANHOS, R. B.. **Roger.** Disponível em: *https://espiritism-universalista.webnode.com/outras-religi%C3%B5es-ou-tradi%C3%A7%C3%B5es-espirituais/* > Acesso em 17 de out. 2021.

PRADO, E. L. **Estudos secretos sobre Jesus Cristo.** Disponível em:

https://estudosespiritas-milsoliva.blogspot.com/2012/02/estudos-secretos-sobre-jesus-cristo.html > Acesso em 29 de jul.2021.

RAMATIS. A missão da Terra e o papel dos avatares. In: MENDONÇA, Sávio/Ramatis (Cord.). *Missão Planetária* – O principio, a evolução e o futuro da humanidade. 1. ed. Limeira: EDITORA DO CONHECIMENTO, 2016. p.177.

RAMATIS MISSÃO DE LUZ. **O que Ramatís elucida sobre a ressurreição de Jesus?** Disponível em: *https://ramatismissaodeluz.blogspot.com/2017/10/o-que-ramatis-elucida-sobre.html* > Acesso em 6 de nov. 2021.

RIGONATTI, E. **O Evangelho dos humildes**. 15. ed. São Paulo: Pensamento, 2003, 360 p.

SANTANA, Ana Lúcia. **Reencarnação em Platão**. Filosofia-Prof. João Pereira de Souza. Disponível em: *https://sites.google.com..qsite/filosofiapereira/platao/reencarnaçao-em-platao* > Acesso em 22 de ago. de 2021.

SCHUTEL, C. A **ressurreição de Lázaro.** Disponível em: *https://acasadoespiritismo.com.br/Jesus/ensinosdejesus/a ressurreição de lazaro.htm* > Acesso em 20 de set. 2021.

SCHUTEL, C. *O Espírito do Cristianismo*. 8 ed. Matão: O Clarim: Matão. 300 p.

———— *Parábolas e ensinos de Jesus*. 20. ed. Matão: O Clarim. 2004. 508p.

SILVA NETO SOBRINHO, P. da. Estudando o Espiritismo. **A traição de Judas – uma história mal contada.** Disponível em: *https://espiriteiro.blogspot.com/2010/03/traicao-de-judas-uma-historia-mal.html* > Acesso em 05 de out. 2021.

SILVA NETO SOBRINHO, P. da. **Bodas de Caná**: **o primeiro sinal**. Fórum Espírita. Disponível em: *www.forumespirita.net/fe/accao-do-dia/bodas-de-cana-o-primeiro-sinal/#ixzz73Zpgvbe* >Acesso em 16 de ago. de 2021.

XAVIER, F. C. /Humberto de Campos (espírito). *Boa Nova*. 20. ed. Brasília FEB. 2014. 221p.

XAVIER, F. C./ Emmanuel (espírito). *Caminho, verdade e vida*. 26. ed. Brasília: FEB: Rio de 2006. 376p.

———— *O Consolador*. 29. ed. Brasília: FEB. 2017, pergunta 246. 305 p.

———— *Emmanuel*. 1. ed. Rio de Janeiro: FEB, 1938.

XAVIER, F. C./ CUNHA, Heigorina/ Lucius (espírito)/ André Luis(espírito). *Cidade no Além*, Araras: IDE, 2007, 82p.

XAVIER, F. C./Humberto de Campos (espírito). *Crônicas de Além-Túmulo*, FEB, 1998, 218p.

———————— *Novas Mensagens*. Especial Edição. Brasília: FEB, 2011, 160p.

XAVIER, F. C./Maria João de Deus (espírito). *Cartas de uma Morta*. 14. ed. São Paulo: LAKE, 2002, 192p.

WILKON, M. F. **A cura do cego de nascença e a reencarnação**. Disponível em: *https://www.espiritoimortal.com.br/a-cura-do-cego-de-nascenca-e-a-reencarnacao/* > Acesso em 13 de set. 2021.

WILKON, M. F. **A cura do paralítico de Betesda – espiritismo.** Disponível em: *https://www.espiritoimortal.com.br/o-paralitico-de-betesda-espiritismo/* > Acesso em 03 de set. 2021.-

WILKON, M. F. **A entrada triunfal de Jesus em Jerusalém**. Disponível em: *https://espiritoimortal.com.br/a-entrada-triunfal-de-jesus-em-jerusalem/* > Acesso em 26 de set. 2021.

WILKON, M. F. **A multiplicação de pães existiu ou é um simbolismo**. Disponível em: *http://www.espiritoimortal.com.br/a-multiplicação-de-peixe-existiu-ou-e-um-simbolismo/* > Acesso em 07 de set. 2021.

WILKON, M. F. **A negação de Pedro – uma visão espírita.** Disponível em: *http://www.espiritoimortal.com.br/a-negacao-de-pedro-uma-visao-espirita/*> Acesso em 5 de dez. 2021.

WILKON, M. F. **Jesus e a mulher adúltera.** Disponível em: *http://www.espiritiimortal.com.br/jesus-e-a-mulher-adultera-visao-espirita/* > Acesso em 09 de set. 2021.

WILKON, M, F. Espírito imortal. **Jesus e a mulher samaritana – uma visão espírita**. Disponível em: *www.espiritoimortal.com.br/jesus-e-a-mulher-samaritana-uma-visão-espírita/* Acesso em 25 de ago. de 2021.

WILKON, M. F. **No princípio era o Verbo...** Disponível em: *http://www.espiritoimortal,com,br/no-principio-era-o-verbo* >Acesso em 29 de jul. 2021.

WILKON, M. F. **Para que Jesus veio ao mundo?** Disponível em: *www.espiritoimortal.com.br/para -que-jesus-veio-ao-mundo/* > Acesso em 28 de out. 2021.

WILKON, M. F. **Satanás e Jesus eram parceiros?** Disponível em: *https://www.espiritoimortal.com.br/satanas-e-ejesus-eram-parceiros/* > Acesso em 30 de set. 2021.

O EVANGELHO DE JOÃO
foi confeccionado em impressão digital, em julho de 2022
Conhecimento Editorial Ltda
(19) 3451-5440 — conhecimento@edconhecimento.com.br
Impresso em Luxcream 70g, StoraEnso